하여, 그말씀 그대로²
에베소서·디도서

하여, 그말씀 그대로²
에베소서·디도서

지은이 | 윤영철
펴낸이 | 원성삼
본문 및 표지 디자인 | 안은숙
펴낸곳 | 예영커뮤니케이션
초판 1쇄 발행 | 2022년 7월 25일
등록일 | 1992년 3월 1일 제 2-1349호
주소 | 03128 서울시 종로구 대학로3길 29, 313호(연지동, 한국교회100주년기념관)
전화 | (02)766-8931
팩스 | (02)766-8934
이메일 | jeyoung@chol.com
ISBN 979-11-89887-53-7 (04230)
ISBN 979-11-89887-41-4 (04230) 세트

값 19,000원

 모든 인간은 하나님의 형상을 닮은 존귀한 존재입니다. 사람은 인종, 민족, 피부색,
문화, 언어에 관계없이 모두 다 존귀합니다. 예영커뮤니케이션은 이러한 정신에 근
거해 모든 인간이 존귀한 삶을 사는 데 필요한 지식과 문화를 예수 그리스도의 사랑으로 보급
함으로써 우리가 속한 사회에 기여하고자 합니다.

하여,
그말씀
그대로²

에베소서
디도서

윤영철 지음

■ ■ ■

김주철 목사 | 시인·삼천포평화교회 담임 | 『인문학으로 읽는 성경』 저자

"내 영혼의 자가진단 키트"

예수님은 제자들과 헤어지기 전에 무엇보다 하나 됨을 위하여, 그리고 아버지께서 아들에게 주실 영광을 저들도 보게 해 달라고 기도했습니다(요 17장). 제자들이 서로 사랑하므로 하나 됨만 아니라 아버지와 아들이 하나이듯 그렇게 하나님과 우리가 하나 되기를 기도하셨고, 또한 아들이 받을 영광을 저들도 보고 따라오기를 기도하셨습니다. 이 기도를 드린 것은 우리도 하나님의 사랑 안에서 주님과 온전히 하나 되어 하나님 나라의 영광도 함께 누리게 되길 간절히 소망했기 때문입니다.

이 책을 읽으면서 예수님의 기도가 저자에게 응답되어지고 있음을 감히 느끼게 됩니다. 그만큼 저자가 부활하신 예수님을 믿어 거듭나고, 말씀을 통해 얼마나 아름답게 성화되어 가고 있는지를 발견하기가 어렵지 않기 때문입니다. 귀용 부인의 표현대로 물이 증발되어 태양 가까이 올라갈수록 점점 불순물을 걸러내듯이, 저자는 기도의 향기를 갈수록 더 순전히 뿜어내고 있기 때문입니다. 이는 필시 저자의 고백대로 주님과의 바른 관계를 통해 예수님으로 충만한 일상을 살며, 몸 된 교회의 지체로 일부분이 되었기 때문에 가능할 것입니다. 저자를 통해 일하시는 성령님의 은혜가 경이롭습니다.

4

두 번째 묵상집인 이 책 '에베소서'와 '디도서'에 나타난 부활과 영생의 소망, 그리고 감추어진 보화 같은 교회의 비밀을 저자는 깊이 이해하고, 누구보다 교행일치를 이어가고 있는 흔적을 충분히 발견할 수 있습니다. 녹록치 않은 목양의 현장에서 만일 저자가 일조지환(一朝之患)에 매여 살았다면 이러한 묵상이 불가능했을 것이지만, 시편의 기자가 그러했듯이 저자도 항상 하나님의 말씀을 읊조리며(시 119:48), 어떤 상황에서도 하나님의 약속의 말씀을 잊지 않으며(61), 눈이 피곤할 정도로 말씀을 사모하고(123), 주를 경외하는 자들과 주의 말씀을 지키는 자들을 동료요 친구로 삼았기(63) 때문이 아닐까 헤아리게 됩니다.

이 책이 나오기까지 정제되고 절제된 흔적이 역력하기에, 저자의 고귀한 곤비함에 심심한 위로를 전합니다. 이 책은 독자에게 '영적 자가진단 키트'가 되어 줄 것입니다. 따라서 이 책을 읽다보면 독자가 어디쯤 와 있는지 정직하게 진단하게 되고, 어디를 향해 나아가야 할지도 밝히 처방해 줄 것입니다. 그래서 저자의 기도대로 넘어지는 자가 아니라 일어서는 자가 되고, 물러가는 자가 아니라 나아가는 자가 되며, 결핍한 자가 아니라 풍성히 누리는 독자가 될 것을 확신하기에 이 책을 적극 추천합니다.

김현진 목사 | 평택대학교 신학부 교수·태안 사귐의공동체 원장 | 『공동체 신학』 저자

윤영철 목사의 『하여, 그말씀 그대로²: 에베소서·디도서』는 흔히 찾아보기 힘든 책입니다. 이러한 제목이라면 대게 성경 강해 혹은 성경 해설서가 나올 법한데 그와는 차원을 달리합니다.

그 내용은 제목에 제시된 대로 하나님의 말씀을 있는 그대로 순종하는 삶을 살라는 것입니다. 또한 세상 속에서 살아가는 그리스도인의 지속적인 변화는 약속의 말씀을 향한 집중력과 말씀을 그대로 살아내는 실천력에 달려있다고 강조합니다. 나아가서 살아 계신 하나님 앞에서 말씀을 신실하게 살아내는 것은 그리스도의 몸 된 교회를 회복하고 바르게 세울 수 있는 근본이 된다고 저자는 역설하고 있습니다. 저자는 자신의 목회 현장을 통해 그 원리를 몸소 적용하면서 참된 교회를 실제로 세워가고 있습니다.

윤 목사의 글에는 꿋꿋한 기상이 있습니다. 그것은 저자 자신이 하나님의 말씀을 지키고 말씀대로 산다는 데에서 나오는 것입니다. 우리가 말씀을 지키지 못할 때에는 말씀에 대한 해석이 사변적이고 추상적이 되기 쉽습니다. 그러한 의미에서 이 책은 단순 간결하면서도 힘이 있습니다.

이 책은 말씀을 사랑하여 말씀을 깊이 묵상하며 실천한 데서 나온 것입니다. 이러한 생명의 말씀이 순종하는 삶이 없이 말씀에 대한 지식만 넘치는 어지러운 세태를 정결하게 하는 광천수 같은 역할을 해주리라 믿습니다. 이 책을 읽는 모든 분들에게 '그말씀 그대로'의 생명력이 흘러넘치기를 바라며, 이 책을 기쁨으로 추천합니다.

'반성문!' 하면, 학창시절에 선생님께 혼나면서 써야만 했던 부정적인 느낌과 기억이 있는터라 지금도 여전히 반갑지 않은 단어입니다. 그런데 놀랍게도 '하여, 그말씀 그대로' 시리즈는 나의 편견을 완전히 새롭게 만들어주었습니다. 왜냐하면 저자는 평소 자신의 글에 대해 '일일 반성문'이라고 부단히 소개해왔고, 특별히 하나님 앞에서 말씀 한 구절을 놓고 진지하게 자신을 돌아보며 발견한 모습에 대해 '나의 무능함과 부패함', '나의 악성과 악습'이라고 솔직하게 고백하고 있기 때문입니다. 그리고 다음의 글은 자신과 타인의 누추함에 직면하는 것은 부끄러움이 아니라 오히려 감사한 일이라는 것을 잘 설명해주고 있습니다.

"변하지 않는 영원한 실상(實像)을 오늘도 경험하고 살아가고 있음에 진심으로 기뻐하고 감사해야 합니다. 세상과 사람들의 어떤 것으로도 비교할 수 없는 가장 안전하고 가장 확실한 안내자를 오늘도 믿고 따라가고 있음에 진심으로 기뻐하고 감사해야 합니다."

이제까지 윤영철 목사는 신앙용어의 추상적인 개념을 구체적이고 실제적인 삶으로 안내하는 사역을 경주해왔고, 유튜브채널 '#홀리허들(Holy Huddle)'을 통해 자신의 글을 가족과 함께 나누는 영상을 공유함으로 그리스도인들이 말씀에 한 발짝 더 가까이 다가갈 수 있도록 열정을 불태우고 있습니다. 이 모든 노력의 결정체가 바로 이 책입니다.

하여, 매일매일, 하나님 앞에서, 하나님의 자녀로서, 말씀을 붙잡고 삶을 살아내기 위해 분투하는 모든 그리스도인은 물론, 하나님을 향한 자신만의 '거룩한 반성문'을 새롭게 써보고 싶은 독자들에게 이 책을 적극 추천합니다.

윤여준 변호사 | 법무법인 좋은

아들이 중학교 2학년이 되어 생애 처음으로 중간고사를 치르게 되었습니다. 그런데 시험공부를 하면서 모의시험지를 풀고 나면, 틀린 문제에 대해 어처구니없는 변명을 하는 아들의 말을 듣게 되었습니다. "이 문제는 아는데 틀렸다. 이것 빼면 진짜 틀린 것은 몇 개 밖에 안 돼!" 처음에는 '안타까워서 그런가 보다'하고 흘려들었는데, 같은 변명을 몇 차례 되풀이하는 것을 듣고 한 마디 던지지 않을 수가 없었습니다. "아들아, 아는 문제를 틀릴 수는 없다. 네가 틀린 것은 모르기 때문이다."

오늘날, 특히 한국에서, 기독교인에 대한 부정적인 이미지는 이미 오래된 사실이고, 또다시 기독교인의 잘못된 행태가 뉴스에 보도된다고 해도 전혀 새로울 것이 없는 그런 시대를 살고 있습니다. 이토록 많은 기독교인들이 있다고는 하지만 사회는 좀처럼 바뀌지 않고, 오히려 사회에 누를 끼치는 기독교인들이 공존하는 이유는 무엇일까요? '뭐가 잘못된 것인지' 나름 생각해 볼 때, 그 원인은 말씀대로 순종하지 않기 때문이고, 이는 말씀을 몰라서가 아니라 말씀을 제대로 알지 못하기 때문이라는 결론에 이르게 됩니다. 많은 기독교인들이 열심히 말씀을 공부하고는 있지만, 이미 공부한 말씀만큼이라도 순종하고자 하는 마음과 노력이 부족함을 감출 수 없는 것입니다. 믿음을 관념적으로만 이해하고 순종과 별개의 차원으로 받아들이는 한, 생활현장에서 선택의 순간에 성경의 가르침이 아닌 자신의 이익을 위해 행동하는 것은 어쩌면 너무나도 당연한 결과입니다.

이 책은 이처럼 안타깝고 먹먹한 시대를 살아가고 있는 기독교인들에게 말씀을 바르게 이해하고 실천하도록 동력을 불어넣고 있습니다. 저자의 글을 처음 대하고 느낀 점은 '산문 같은 운문, 그 자체!'였습니다. 내용면에서도, 성경말씀 한 구절 한 구절을 따라 써 내려간 영감 어린 묵상글을 읽어가노라면 어느새 가슴이 뜨거워지고 묘한 진동이 느껴집니다. 그 까닭은 아마도, 저자가 단지 책상 앞에서 씨름하면서 써 내려간 글이 아니라 삶의 현장에서 깊이 고민하고 체득한 것을 담아낸 글이기 때문일 것입니다. 이에, 말씀을 바르게 이해하고 순종하기를 바라는 기독교인들에게 이 책을 적극 추천합니다.

깨어 있는 신앙으로 하나님의 음성을 듣고 방주를 준비하여 많은 생명을 구원한 노아를 연상시키는 윤영철 목사! 그는 지금도 끊임없이 생성과 소멸을 되풀이하는 허상(虛像) 속에서 하나님의 주권 안에 운행되는 말씀의 실상(實像)을 바라보며 구약의 선지자들처럼, 예수님처럼, 사도들처럼 묵묵히 진리의 길을 걸어온 목사입니다. 더불어 사모와 슬하의 두 자녀까지도 가정 전체가 하나 된 믿음의 결단으로 아름다운 공동체를 이루어왔습니다.

이즈음에, 하나님 나라 공동체의 아름다움을 경험하고 나누는 일상 중에 그의 첫 번째 책 '베드로전후서'에 이어, '에베소서'와 '디도서' 말씀을 경건과 절제의 언어로 담아낸 두 번째 책을 출간하게 되어 진심으로 축하합니다.

하늘의 소리 크고 커서
宇宙를 흔들건만
들을 者 없고
하늘의 빛
너무 밝고 밝아
눈을 뜰 수가 없건만
보는 자가 없구나
이 소리를 듣고 이 빛을
볼 者가 누구인가

이 책을 접하는 모든 분들이 말씀의 진리를 보고 들을 수 있는 눈과 귀가 열리길 축복합니다. 나아가 깨어 있는 신앙으로 신랑 되신 주님을 언제든지 맞이할 수 있는 준비된 성도가 되길 간절히 소망하는 분들에게 이 책을 강력히 추천합니다.

정백수 목사 | 온누리침례교회 담임

지금 이 시대에도 '내가 … 내 교회를 세우리니'(마 16:18)라고 약속하신 예수님께서는 교회의 머리가 되시고, 작은 예수인 그리스도인을 계속해서 일으키며 세우고 계십니다. 그럼에도 예수님의 몸 된 교회가 교회다운 교회로 서가고, 작은 예수로서의 삶을 신실하게 그리고 지속적으로 감당하기란 참으로 어렵고 힘든 것이 사실입니다. 이에, 저자는 간구합니다.

'하여, 어느 때에라도, 무엇을 더 행하기에 앞서 하나님의 마음과 성품을 먼저 헤아리고, 예수님의 교훈과 명령을 먼저 생각하며, 성령님의 일깨우심과 지도하심에 먼저 귀 기울이게 하소서. 오늘도 나의 됨됨이를 통해 이미 알고 믿는 바를 실제로 행하고, 나의 행함을 통해 그리스도인다움이 선명하게 드러나는 삶을 실제로 살아가게 하소서. 이처럼 변화된 삶을!'

'하여, 하나님 나라를 위한 귀한 일꾼이 되게 하소서. 주인 되신 예수님을 끝까지 따라가게 하소서. 더불어 몸 된 교회를 건강하게 세우는 참 그리스도인이 되게 하소서. 하나님 앞에서! 이 세상 속에서! 변함없이! 반드시!'

평소에 신앙적인 글을 쓰는 분들이 세 부류로 나누어진다고 생각하고 있습니다. 첫째, '그렇지 않을까'라는 단순하고 막연한 상상으로 글을 쓰는 분들. 둘째, '그렇게 되길' 바라는 기대와 바람으로 글을 쓰는 분들. 셋째, 좌절과 승리를 직접 겪은 '자신의 삶'을 바탕으로 하여 체험적인 글을 쓰는 분들입니다. 이로 볼 때, 『하여, 그말씀 그대로²: 에베소서·디도서』는 저자 자신의 진솔한 고백과 함께 회복을 위한 몸부림이 그대로 가득 담긴 자화상 같은 글입니다.

윤영철 목사와는 그의 청년시절부터 온누리침례교회에 출석하여 서리집사와 신대원생으로 그리고 전도사를 거쳐 목사안수를 받고 개척목회를 시작한 이후에 지금까지도 계속해서 교제가 이어지고 있고, 그의 신앙과 삶의 모든 면면을 누구보다도 잘 알고 있는 바, 이 책을 매우 기쁘게 추천합니다. 모쪼록, 이 책을 통해 어둡고 혼란스러운 세상에서도 교회가 진정한 예수님의 교회로 회복되기를 간절히 열망하는 분들과 작은 예수로 신실하게 살아가기를 마땅히 자원하는 분들에게 예수님의 마음이 충만히 부어지길 바랍니다.

David Kim | Pastor, Roberts Road Bible Church, Justice, IL

Hence, the Word as it is: Ephesians & Titus is one of the most distinctive books which invites disciples of Jesus Christ to meditate on the book of 'Ephesians' and 'Titus'. This book is the written record and confession of how the Word of God is embodied in every aspect of our lives.

『하여, 그말씀 그대로[2]: 에베소서·디도서』는 아주 특별한 책 가운데 하나입니다. 이 책은 그리스도의 한 제자로서 '에베소서'와 '디도서'를 묵상하며, 그말씀이 삶의 모든 영역에서 실재가 됨을 경험하고 고백한 삶의 기록입니다.

The author of this book, Rev. Young-Chul Youn has a profound understanding and love for God and the Gospel. I had the privilege of witnessing how he has lived and walked by faith according to the will of God. His testimony truly inspires a deeper love for Jesus Christ and longing for the Word of God.

저자 윤영철 목사는 하나님과 복음을 깊이 있게 이해하고 사랑하며, 그말씀이 삶의 실재가 되도록 신실하게 살아가시는 분입니다. 그래서 윤 목사와 삶을 나누다보면, 더욱 예수 그리스도를 사랑하게 되고 말씀에 대한 갈망이 생기게 됩니다.

I strongly recommend this book as a guide in leading small group/bible study or devotion. This book allows the Scripture to be interpreted as it is, rather than inviting any other principles or theologies. Instead of relying on references or commentaries, this book invites the readers to present themselves before the Word of God as it speaks for itself. I pray that the readers will experience the Word of God speaking directly into their lives through this book.

이 책은 교회의 소그룹이나 리더들의 성경 공부 혹은 경건 생활의 지침서로 사용하기를 강력하게 추천합니다. 다른 어떤 원리나 신학을 끌어들여 성경을 해석하고 공부하는 것이 아니라 성경이 성경을 말할 수 있도록 하는, 또한 다른 어떤 해설이나 주석에 의지하는 것이 아니라 말씀이 말씀을 풀어내도록 하는 좋은 가이드라인을 제시합니다. 따라서 이 책을 읽는 독자들이 말씀이 말씀하게 하는 놀라운 일을 경험하게 되길 기도합니다.

,,

어찌하겠습니까!

지난 기독교 역사가 이만큼 누적되었고, 믿음의 선배들이 남겨준 자취가 이처럼 선명하게
보여지고 들려짐에도 불구하고, 오늘을 살아가고 있는 그리스도인들의 내면과 삶은 그 수
준과 품격 면에서 기본을 충족시키기에도 많이 부족해 보이는 것이 현실입니다. 좀 더 정직
하게 토로하자면, 허상(虛像)은 화려하고 웅장해 보여도, 실상(實像)은 여전히 빈약하고 허술
합니다. 이는 영적 무지와 영적 무감각으로 인한 쓴 열매임이 분명합니다. 그래도 어찌하겠
습니까! 이미 훤히 알고 지금도 확실히 믿고 있는데, 어찌 앞에 놓인 걸음걸음을 멈출 수가
있겠습니까! 이 길 끝에 서 계신 주인 되신 예수님의 시선이 지금도 이렇게 생생한데, 어찌
내게 맡겨진 임무를 남의 일처럼 미룰 수가 있겠습니까!

매 시대마다 살아 계신 하나님께서 찾고 찾으시는 믿음의 사람들이 절실하게 필요했듯이,
오늘도 앞으로도 예외 없이 믿음의 사람들이 더욱 필요합니다. 시작부터 마지막까지 그렇
게 신실하게 살아가는 깨어 있는 그리스도인들이 더욱 필요합니다. 생명과 약속의 말씀이
'거짓 없는 진리'라는 사실을 증거하고 증명하는 제자들이 더욱 필요합니다. 그리고 부활하

신 예수님을 따라 믿음의 여정으로 함께 나아갈 성숙된 일꾼들이 더욱 필요합니다.

하나님의 전적인 은혜와 사랑으로 부활하신 예수님이 '나의 하나님이요 나의 주인'으로 믿어진 거듭난 그리스도인이라면, 지극히 마땅히 남은 인생 내내 새사람의 신앙인격이 성장하고 성숙하기를 멈추지 말아야 합니다. 그토록 확신 있게 믿어진 '하나님 나라'를 머무는 이곳에서 살아가고 있음이 막힘없이 드러나야 합니다. 때마다 일마다 바른 신앙을 왜곡시키고 훼방하려드는 갖가지 환경과 사람들 앞에서도 더해진 분별력과 담대함으로 지극히 정상적인 그리스도인답게 생각하고, 말하고, 선택하며 살아가야 합니다.

💬

건물 아닌 영적 관계성

2021년 7월에 출간된 『하여, 그말씀 그대로¹: 베드로전후서』의 서문에서도 언급한 바와 같이, 그리스도인이 사용하고 있는 신앙적인 용어들 대부분은 예외 없이 물질명사가 아닌 추상명사이다 보니, 그 의미를 이해하고 실천하는 모양이 제각각입니다. 따라서, 모든 그리스도인의 이해와 실천을 위한 절대기준으로 '성경을 그 중심에 두어야 한다'고 강조했습니다. 그리고 때를 따라 보여지고 들려지는 용어들에 대한 그 의미를 바로 깨닫고 바로 믿을수록 아는 바와 믿는 바가 일치되고, 믿는 바와 행하는 바가 일치되는 신실한 삶을 살아가기 마련이라고 했습니다. 이제 때가 되어 『하여, 그말씀 그대로²: 에베소서·디도서』를 통해 '교회'와 '사역'이라고 하는 화두(話頭)로 넘어오게 되었습니다.

'교회'라는 단어를 떠올리면 가장 먼저는 십자가가 더해진 건물 혹은 간판이 연상되고, 가슴 벅찬 감동이 일어나다가도 이내 왠지 모를 답답함에 그렇게 아쉽고 안타깝게 느껴지는 것이 일반이라고 해도 과장이 아닙니다. 이는 비단 오늘만의 문제가 아니라 초대교회 이후 지난 기독교 역사 전반에 걸쳐 반복적으로 이어져 내려온 현상이며, 앞으로도 크게 다르지 않을 듯, 심지어 더 왜곡되고 변질될 것이라고 해도 결코 무리가 아닙니다. 이즈음에 또다시 '교회는 무엇인가' 그리고 '교회는 어떠해야 하는가'를 진지하게 묻고 생각하며, 정직하게 답하기에 이르렀습니다.

이처럼 누군가는, 특별히 영적 섬김이로 부름 받아 앞에 서 있는 모델 신자라면, 이 시대에도 여전히 교회를 석화(石化)된 구조물로 만들어가고 있는 사람들의 어리석음을 정확히 볼수 있어야 합니다. 교회를 통한 하나님의 계획을 이성과 경험으로 제한하고 있는 사람들의 무능함도 정확히 볼 수 있어야 합니다. 교회의 영광스러움을 야망과 탐욕을 위한 수단으로 오용하고 있는 사람들의 부패함도 정확히 볼 수 있어야 합니다. 결국 교회 아닌 바벨탑으로 둔갑해 버리고 있는 어처구니없는 현상을 절대로 경계하고 일깨우며, 바르게 보여주고 안내해 주어야 합니다.

더불어 구원받은 모든 그리스도인은 성경이 안내하고 있는 교회가 '어떤 의미인지' 그리고 교회를 '어떻게 경험해야 하는지'를 반드시 알아가야 하고, 실제적으로 교회의 일원이 되어 살아가야 합니다. 다시 말해서, 예수님의 몸을 이룬 각각의 지체(肢體)가 되어 서로가 서로에게 반드시 필요한 존재임을 깨닫고, 실제적으로 영적·정서적·물리적으로 도움을 받고 도움을 주는 영적 관계성 안에서 살아가야 합니다.

❞

경영 아닌 목양

'교회'가 건물 아닌 영적 관계성으로 이루어진 예수님의 몸임을 인정하게 되면, '사역' 또한 조직을 원활하게 관리하고 효율을 극대화시키는 경영이 아닌, 함께한 그리스도인들과 한 몸이 되고, 함께 성장하고 성숙하며, 일상 속에서 소금과 빛으로 살아가도록 먼저 보여주고 섬기며 안내하는 목양임을 절감하게 될 것은 분명합니다. 영적 섬김이와 모델 신자로서의 정직함과 성실함은 함께한 영적 관계성을 더욱 건강하고 풍성하게 만들어주는 가장 중요한 출발입니다. 다시 말해서, 포도나무이신 예수님께 붙어 있는 원(原)가지로서의 책임감과 수고와 땀은 결국 예수님의 몸 된 교회를 교회되게 하는 기본 중의 기본입니다.

하여, 내가 먼저 믿음의 사람이 되고, 내가 먼저 순종의 사람이 되고, 내가 먼저 겸손의 사람이 되어야 합니다. 그리고 반드시 믿음의 사람과 함께해야 하고, 순종의 사람과 함께해야 하고, 겸손의 사람과 함께해야 합니다. 지금 나의 안과 밖이 머리 되신 예수님 앞에서 '얼마나 정직하고', '얼마나 신실하고', '얼마나 충성스러운가' 하는 문제는 모델 신자 된 나의 신앙인격을 제대로 세우며 살아가게 하는 결정적인 몫이기 때문입니다. 나아가 지금 나와 함께하고 있는 사람들이 살아 계신 하나님 앞에서 '얼마나 정직하고', '얼마나 신실하고', '얼마나 충성스러운가' 하는 문제는 예수님의 몸 된 교회를 또다시 바르게 그리고 맑고 밝게 일으켜 세우는 중요한 변인(變因)이기 때문입니다.

하여, 그말씀 그대로

이상과 같은 화두(話頭)에 무게 중심을 두면서 신앙생활 전반에 걸친 이모저모를 집중해서 읽고 생각하며 실천하는 반복이 이 책을 읽는 모든 그리스도인의 남은 생애(生涯)에 끊임없이 지속되기를 바랍니다. 나아가 이것이야말로 영적 무지와 영적 무감각을 일깨우고, 실제적인 성장과 성숙을 경험하게 하는 대안임을 늘 기억하기를 바랍니다.

여전히 '그말씀 그대로'입니다. 지난 수년 동안 성경의 장절을 따라 묵상기도문을 남기고, 경건 훈련 중인 이곳저곳의 성도님들과 목회 현장에서 충성스럽게 사역하고 계시는 목회자님들과 선교사님들과의 공감과 격려로 인해 첫 번째 출간(21년 7월)이라는 선한 열매가 맺힌 것처럼, 이제 두 번째 책을 통해서도 더욱 많은 그리스도인들이 먼저는 '그리스도인이 된 자신을 위해서', 나아가 '시대와 환경과 사람과 교회를 향한 하나님 아버지의 마음을 깨닫고 회복하는데' 도움이 되었으면 하는 소망이 있습니다. 모쪼록, 부족한 이 책의 내용들이 '교회'와 '사역' 앞에 여전히 정직하고 신실하고 충성스럽게 서 있는 믿음의 사람들에게 이 모양 저 모양으로 힘과 위로가 되기를 간절히 기도합니다.

감사한 동역자들

내가 감당할 수 있는 목회는 최대 오십 퍼센트임을 늘 인정할 수밖에 없습니다. 1999년 5월 어느 날, 거부할 수 없는 목회자로의 부르심으로 인해 가고 있던 발걸음을 옮겼을 때 어떠한 저항도 없이 보장된 교직을 내려놓고 불안정하고 그래서 때로는 불편한 목회여정에 전적으로 동참해 준 사랑하는 아내(김선재)에게는 지금이나 앞으로도 최소 오십 퍼센트의 목회 몫이 있습니다. 참으로 귀하고 고마운 배필입니다. 또한, 지난 긴 시간동안 숱한 물리적인 제약과 장벽에도 주눅 들지 않고 영적으로나 학문적으로도 깊이를 더해왔던 딸들(예원;하원)도 참으로 귀하고 고마운 선물입니다. 나아가, 예수님의 몸 된 한아름공동체교회 지체들은 이제까지 목회의 기쁨이요 자랑입니다. 모쪼록, 이 책이 사랑하는 이들에게도 큰 힘이 되고 큰 위로가 되기를 소망합니다.

끝으로, 이 책의 출간을 함께 기뻐하며 흔쾌히 추천의 글로 섬겨주신 김주철 목사님, 김현진 교수님, 오재수 목사님, 윤여준 변호사님, 이응준 목사님, 정백수 목사님, David Kim 목사님에게 감사드립니다. 또한, 이 책의 편집에서 발행에 이르기까지 모든 과정을 맡아 수고해주신 '예영커뮤니케이션' 원성삼 대표님과 직원분들에게도 감사드립니다. 아울러, 오늘이 있기까지 여러 모양으로 영적인 감흥과 일깨움을 더해주셨던 선후배 목사님들과 때마다 일마다 마음과 물질로 섬겨주셨던 선한 이웃들에게도 깊이 감사드립니다. 이 모든 것이 하나님의 은혜였습니다.

2022년 6월 | 부산 남산동에서 | **윤영철 목사**

추천의 글 — 4
들어가면서 — 12

에베소서

1부 • 교회는 그의 몸이니
To the church which is his body — 23

2부 • 그러므로 생각하라
Therefore remember that — 55

3부 • 이는 이제 교회로 말미암아
So that through the church — 85

4부 • 이는 성도를 온전하게 하여
To equip the saints for the work of ministry — 113

5부 • 이제는 주 안에서 빛이라
Now you are light in the Lord — 155

6부 • 그러므로 하나님의 전신 갑주를 취하라
Therefore take up the whole armor of God — 199

디도서

7부 • 내가 너를 그레데에 남겨 둔 이유는
This is why I left you in Crete — 235

8부 • 바른 교훈에 합당한 것을 말하여
Teach what accords with sound doctrine — 259

9부 • 이 말이 미쁘도다 원하건데
The saying is trustworthy, and I want you to — 281

나오면서 — 302

주인 되신 예수님의 권위 아래 철저히 순복하는 결단과 선택이 없다면, 그 럴 듯한 명분이나 사역도 결국 예수님과는 전혀 무관한 일로 변질될 수밖에 없다는 사실을 늘 기억해야 합니다. 예수님의 교훈과 명령 앞에서도 여전히 저항하고 거부하고 있다면, 예수님을 안다고 더불어 믿는다고 하는 말도 일상을 통해서는 결코 증명되지 않을 의미없는 소리에 불과하다는 사실도 진지하게 숙고해야 합니다. 언제나 어디에서나 그러했듯이, 그리스도인이 나아가야 할 길은 결코 쉽거나 가볍지 않다고 했습니다. 예수님으로 인한 값비싼 은혜를 절절히 경험하고 있는 그리스도인은 그토록 무능하고 부패한 악성과 악습을 딛고 일어서기를 무한히 반복한다고도 했습니다. 그 교훈과 명령으로 도전하시는 주인의 마음을 지금도 생생히 헤아리고 있기에 더욱 하나님 중심으로, 더욱 말씀 중심으로, 더욱 예수님의 몸 된 교회 중심으로 살아간다고도 했습니다.

예수님의 몸 된 교회를 석화(石化)된 구조물로 만들어가고 있는 사람들의 어리석음을 정확히 볼 수 있어야 합니다. 교회를 통한 하나님의 계획을 이성과 경험으로 제한하고 있는 사람들의 무능함도 정확히 볼 수 있어야 합니다. 결국 교회의 영광스러움을 야망과 탐욕을 위한 수단으로 오용하고 있는 사람들의 부패함도 정확히 볼 수 있어야 합니다. 이처럼 믿음이 무엇인지, 구원이 무엇인지, 교회가 무엇인지를 정확하게 깨닫지 못하면, 여전히 하나님의 방식이 아닌 나의 방식으로 일관하기 마련입니다. 세월이 더 흐른다고 해도 오히려 후패함이 더해지고, 때마다 일마다 하나님의 마음을 헤아리고 순종하며 살아가는 삶은 희망사항일 뿐입니다.

예수님을 주인으로 인정하고 고백할 뿐만 아니라 때를 따라 보여주시고 들려주시는 그말씀의 교훈과 명령에 마음과 삶을 다해 순종하고 있는 그리스도인들과의 영적 관계성이 없이는 신앙적인 지식이나 열심이라도 언제든지 왜곡되고 변질될 수 있음을 경계해야 합니다. 나의 중심성을 부인하고 예수님을 따라가는 영적 관계성을 소홀히 여기거나 무시하는 상태가 오늘도 지속되는 한, 결국 살아 계신 하나님의 임재와 역사는 남의 일이 되고, 하나님의 풍성한 은혜와 사랑이라도 오늘의 메마름을 해갈(解渴)할 수 없는 안타까운 일상을 살아갈 수밖에 없음도 경계해야 합니다. 그렇다고 해도, 개인적이고 심지어 이기적인 세태에 이미 물들어 있는 그리스도인에게는 더 이상 공감하기 힘든 부자유함이요 억지주장처럼 여겨지는 것이 일반입니다.

내가 먼저 겸손의 사람이 되고, 내가 먼저 순종의 사람이 되고, 내가 먼저 믿음의 사람이 되어야 합니다. 그리고 반드시 겸손의 사람과 함께해야 하고, 순종의 사람과 함께해야 하고, 믿음의 사람과 함께해야 합니다. 지금 나의 안과 밖이 머리 되신 예수님 앞에서 '얼마나 정직하고', '얼마나 신실하고', '얼마나 충성스러운가' 하는 문제는 모델 신자 된 나의 신앙인격을 제대로 세우며 살아가게 하는 결정적인 몫이기 때문입니다. 나아가 지금 나와 함께하고 있는 사람들이 살아 계신 하나님 앞에서 '얼마나 정직하고', '얼마나 신실하고', '얼마나 충성스러운가' 하는 문제는 예수님의 몸 된 교회를 또다시 바르게 그리고 맑고 밝게 일으켜 세우게 하는 중요한 변인(變因)이기 때문입니다.

부활하신 예수님을 주인으로 믿고 살아가는 신앙생활에는 예수님의 몸 된 교회를 알아가고 경험하는 삶이 반드시 포함되어야 합니다. 성경이 안내하고 있는 교회가 '어떤 의미인지' 그리고 교회를 '어떻게 경험해야 하는지'를 반드시 알아가야 하고, 실제적으로 교회의 일원이 되어 살아가야 합니다. 다시 말해서, 예수님의 몸을 이룬 각각의 지체(肢體)가 되어 서로가 서로에게 반드시 필요한 존재임을 깨닫고, 실제적으로 도움을 받고 도움을 주는 영적 관계성 안에서 살아가야 합니다. 이처럼 예수님 안에 있는 자는 더 이상 홀로서기가 아니라 반드시 함께해야 함을 깨달아가면서, 실제적으로 함께하기 위해 희생을 감수하기도 하고, 함께함으로 유익을 얻기도 하는 것입니다.

에베소서

1부 · 교회는 그의 몸이니

    To the church which is his body

2부 · 그러므로 생각하라

    Therefore remember that

3부 · 이는 이제 교회로 말미암아

    So that through the church

4부 · 이는 성도를 온전하게 하여

    To equip the saints for the work of ministry

5부 · 이제는 주 안에서 빛이라

    Now you are light in the Lord

6부 · 그러므로 하나님의 전신 갑주를 취하라

    Therefore take up the whole armor of God

제1부

교회는
그의 몸이니

To the church
which is his body

(에베소서 1장)

| 01 |

하나님의 뜻으로 말미암아 그리스도 예수의 사도 된 바울은
에베소에 있는 성도들과
그리스도 예수 안에 있는 신실한 자들에게 편지하노니

하나님의 은혜와 사랑이
얼마나 귀하고 감사한지를
지금도 잘 알고 있다면,
남은 생도
더 이상 후회가 없는
신실한 그리스도인으로 살아가고자
자원하기 마련입니다.
오늘도
하나님과의 친밀함을
진지하고 성실하게 유지하기 위해
그저 원만한 인간관계를
유보하거나 절제하면서까지
나의 안과 밖을 살리고 세우는데
집중하려 합니다.
이즈음에
또다시 더해진
예수님의 몸 된 교회를 향한
영적인 책임감 앞에서도

수고하고 땀 흘리기를
멈추지 않으려 합니다.
나아가
오늘도 살아 있음에 더해진
갖가지 자원들이
마땅히 하나님의 소유임을 알아
하나님의 마음과 계획에 따라
지혜롭고 정직하게 관리하며
유통하려 합니다.
이처럼
예수님이 교훈하시고 명령하시는
그 길 위에 서 있는 그리스도인은
세월의 흐름만큼
반드시
더욱 깊이,
더욱 멀리
헤아리게 될 것입니다.
무엇이 선이고,

무엇이 악인지를
더욱 맑고,
더욱 밝게
분별하게 될 것입니다.
그 길 위에 남겨진 흔적은
또 다른 그리스도인을 위한

참으로 믿을만한 증거가 될 것입니다.
하여,
깨어 있는 그리스도인이 되게 하소서.
충성스러운 제자가 되게 하소서.
신실한 신자가 되게 하소서.
무엇보다도 먼저!

| 02 |

하나님 우리 아버지와 주 예수 그리스도로부터
은혜와 평강이 너희에게 있을지어다

애당초
나에게는 없었던
영적이고 정신적인 자원을
지극히 제한된 생애(生涯)임에도 불구하고,
진하게 경험하고
풍성히 누릴 수 있다는 사실은
지금도
하나님의 은혜와 사랑이
나에게는 절실하다는
증거입니다.

이처럼
하나님의 은혜와 사랑이 아니고서는
하나님의 자녀로
다시 태어나는 일이나
하나님의 마음으로
신실하게 살아가는 일은
나와는 전혀 무관할 수 있음을
정직하게 인정해야 합니다.
그리고 날마다
내가 얼마나 부족한 사람인지를

제대로 깨달아야 합니다.
나아가
하나님의 은혜와 사랑을
지속적으로 기억해야 합니다.
하여,
오늘도
나의 눈과 귀가
약속의 말씀으로
더욱 맑고 밝게
열리게 하소서.
어느새

또다시 흐트러진 마음이
하나님의 마음으로
더욱 깊고 넓게
정돈되게 하소서.
이즈음의 과정도
그리고
이후로 얻게 될 열매도
하나님의 은혜와 사랑으로
더욱 아름답고 귀하게
채워지게 하소서.
남은 생을 통해서도!

| 03 |

찬송하리로다 하나님 곧 우리 주 예수 그리스도의 아버지께서 그리스도 안에서 하늘에 속한 모든 신령한 복을 우리에게 주시되

이후로도
무엇을 더 가져서
혹은
무엇을 더 배워서
기뻐하고 감사하는 것이 아니라,

'내가 어떤 사람이 되었는지'
그리고
'내가 무엇을 해야 하는지'를
알게 되었다는 사실만으로도
진심으로 기뻐하고 감사하는

겸손한 그리스도인으로
살아가야 합니다.
더구나
나의 무능함과 부패함을 뛰어넘는
하나님의 넉넉한 마음과 자원을
매순간 받고 누리며
살아갈 수 있다는 사실 앞에서도
진심으로 기뻐하고 감사하는
신실한 그리스도인으로
살아가야 합니다.
결국
오늘의 삶이나
남은 생애(生涯)도
살아 계신 하나님과의
투명하고 친밀한 관계만큼
더욱 맑고 밝게
세워지고 풍성해진다는 진실을
어떤 형편 중에도

잊지 않고,
잃지 않는
성숙된 그리스도인으로
살아가야 합니다.
하여,
오늘도
부어주시는
하나님의 마음과 자원을
충만히 채우게 하소서.
깨닫게 하시는
예수님의 교훈과 명령을
온전히 순종하게 하소서.
동행하시는
성령님의 지도하심과 인도하심을
기꺼이 따라가게 하소서.
진심으로
기뻐하고 감사하며!

곧 창세 전에 그리스도 안에서 우리를 택하사
우리로 사랑 안에서 그 앞에 거룩하고 흠이 없게 하시려고

나의 신념으로 믿는 것과
성령님의 역사로 믿어지는 것은
근본적으로
전혀 다른 내용입니다.
창조주 하나님이 믿어지고,
부활하신 예수님이
하나님이시라는 사실이 믿어지고,
성령님의 동행하심이 믿어지고,
성경이 하나님의 말씀임이 믿어지고,
약속하신 말씀대로
이루어질 것이 믿어지고,
살아 계신 하나님이 믿어지니,
시간을 더해갈수록
자원하지 않을 수가 없고,
순종하지 않을 수가 없는 것입니다.
그말씀이 구구절절
마음 가운데 심겨질수록
하나님의 마음을
헤아리지 않을 수가 없고,

성숙되지 않을 수가 없는 것입니다.
믿어진 그대로 행하기를
부단히 훈련할수록
하나님의 지혜와 능력을
경험하지 않을 수가 없고,
증거하지 않을 수가 없는 것입니다.
하여,
오늘도
나의 한계를
성식하게 인정해야 합니다.
나의 무능함과 부패함을
철저하게 고백해야 합니다.
지금도 여전히
구원하시고 인도하시는
하나님의 손길을
겸손한 마음으로
정직하게 간구해야 합니다.
누가 무엇이라고 해도
이미 믿어진

하나님의 말씀과
하나님의 마음 그대로
당당하게 살아가야 합니다.

믿음으로 변화된 사람답게!
참 그리스도인답게!

| 05 |

그 기쁘신 뜻대로 우리를 예정하사
예수 그리스도로 말미암아 자기의 아들들이 되게 하셨으니

부패하고 어두운 세상의 본색이
적나라하게 드러나고
활개를 칠 때면,
여지없이
예수님의 자리와 가치는
뒷전으로 물러나고,
탐욕으로 물든
사람의 주장과 업적들로
소란을 피우기 마련입니다.
비록
부활하신 예수님이 믿어져서
구원받은 하나님의 자녀라고 할지라도,
옛사람의 악성과 악습이

통제되거나 소멸되지 않으면,
여지없이
예수님의 교훈과 명령은
부담스러운 과제로 남겨지고,
하나님의 마음과는
전혀 어울리지 않는
나의 방식과 변명들로
저항하기 마련입니다.
이는
동서고금,
빈부귀천을 무론하고
하나님 중심을 벗어난
세상과 사람들이 보여주는

지극히 자연스러운 모습입니다.
지금 당장에는
혹은
얼마 동안이라도
더없이 안전해 보이고,
더없이 확실해 보이는
갖가지 이유들이라도
때가 되면,
결국 퇴색되고,
대치될 수밖에 없는
지극히 어리석은 반응입니다.
하여,
변하지 않는 영원한 실상(實像)을

오늘도 경험하고 살아가고 있음에
진심으로 기뻐하고 감사해야 합니다.
세상과 사람들의
그 어떤 것으로도 비교할 수 없는
가장 안전하고,
가장 확실한 안내자를
오늘도 믿고 따라가고 있음에
진심으로 기뻐하고 감사해야 합니다.
이처럼
세상과 사람들을 직면하게 하소서.
믿음으로 변화된 산 증인답게!
하나님의 자녀답게!
당당하게!

| 06 |

이는 그가 사랑하시는 자 안에서 우리에게 거저 주시는 바
그의 은혜의 영광을 찬송하게 하려는 것이라

창조주 되신
하나님의 마음과 계획 안에서
남은 삶을 이해하고,

주인 되신
예수님의 교훈과 명령 안에서
남은 삶을 조정하며,

동행하시는

성령님의 섭리와 인도 안에서

남은 삶을 세워나가는

신실한 그리스도인이 되기를

간절히 소망합니다.

남은 생만큼은

부활예수의 산 증인답게

머리 되신 예수님을 위해 살아가고,

예수님의 몸 된 교회를 위해 살아가기를

간절히 소망합니다.

마침내

하나님의 큰 기쁨이 되고,

더 이상 후회가 없는

성령 충만한 삶을 살아가기를

간절히 소망합니다.

하여,

날마다

내가 주인이 된 자리로부터

겸손하게

내려와야 하겠습니다.

주인의 생각과 계획을

알기 위해서라도

혹은

묻기 위해서라도

그말씀 앞으로

진지하게

나아가야 하겠습니다.

그리고

들려주시고,

깨닫게 하시고,

믿어지게 하신

그 교훈과 명령 그대로

정직하게

살아가야 하겠습니다.

이처럼

부족하고 연약한

나의 안과 밖을 통해서도

하나님의 살아 계심이

드러나게 하소서.

이처럼

귀하고 귀한

남은 생을 통해서도

하나님의 영광이

드러나게 하소서.

진하고 강하게!

우리는 그리스도 안에서 그의 은혜의 풍성함을 따라
그의 피로 말미암아 속량 곧 죄 사함을 받았느니라

그리스도인이 사용하고 있는
신앙적인 용어들에 대한
그 의미를
더욱 바르게
그리고
더욱 깊이 헤아릴수록
일상을 대하는 마음과 태도는
변화에 변화를 거듭하기 마련입니다.
다시 말해서,
반복적으로 회자(膾炙)되는
추상명사들에 대한
그 의미를
바로 깨닫고
그리고
바로 믿을수록
아는 바와 믿는 바가 일치되고
믿는 바와 행하는 바가 일치되는
신실한 삶을 살아가기 마련입니다.
반면,

이도저도 아니라면,
결국 또다시
하나님의 중심으로부터 멀리,
때로는 한참이나 멀리
떨어져 나오기 마련이고,
결국 또다시
하나님의 마음과는 전혀 무관한
나의 감정과 생각을
따라가기 마련입니다.
하여,
먼저는
약속의 말씀에 순종해야 합니다.
그말씀에 순종하는 만큼
그 의미를 체득(體得)하게 될 것입니다.
나아가
그 의미를 체득하는 만큼
영적인 안목(眼目)이
더욱 넓게 열려질 것입니다.
마침내

아는 만큼,

믿는 만큼,

행하는 만큼

그 의미가 증명될 것입니다.

이처럼 살아가게 하소서.

그 의미를 아는 자답게

우직하게 살아가게 하소서.

참 그리스도인답게!

| 08 |
이는 그가 모든 지혜와 총명을 우리에게 넘치게 하사

영원한 실상(實像)에 대한

영적인 안목(眼目)은

세상의 지식이나 경험의 양을

더한다고 해서

열려지는 것이 아닙니다.

다시 말해서,

보이는 것 너머에 실재(實在)하는

보이지 않는 영적 질서는

세상살이를 통해서

알 수 있는 것이 아니라,

섭리하시고 역사하시는

살아 계신 하나님이 열어주셔야

볼 수 있는 것이고,

더불어

시대와 장소를 뛰어넘는

하나님의 말씀을 통해서만

더 깊고,

더 넓게

깨달아지고 믿어지는 것입니다.

결국

오늘의 일상이

'얼마나 하나님 중심으로

옮겨져 있는가'

혹은

'얼마나 하나님의 마음 안으로

들어가 있는가'에 따라

영적인 안목이 달라지는 것입니다.

하여,

하여, 그길 따름 그대로 2

언젠가는
아니면
지금 당장에라도
복잡하고 분주한 일상을
정돈해야 합니다.
하나님과의 친밀한 관계를
일상의 제(第) 일(一) 순위로
두어야 합니다.
때마다 일마다
이미 알고 믿어진
영적 질서 그대로
끝까지 인내하며

순종해야 합니다.
이로써
세상이 감히 흉내 낼 수 없는
영적인 안목으로
선택하며 살아가게 될 것입니다.
오늘도 내일도
영원한 실상을
경험하며 누리게 될 것입니다.
이처럼 믿게 하소서.
이처럼 보게 하소서.
이처럼 살게 하소서.
참 그리스도인답게!

| 09 |

그 뜻의 비밀을 우리에게 알리신 것이요
그의 기뻐하심을 따라 그리스도 안에서
때가 찬 경륜을 위하여 예정하신 것이니

시간이 지날수록
나와
환경과
사람을

보는 안목이
달라져야 합니다.
내가 중심이 되어서
헤아리는 눈이 아니라,

하나님의 마음 안으로 들어가서
나와
환경과
사람의 형편을
정확하게 분별할 수 있는 눈이
더해져야 합니다.
이를 위해
말씀 밖에서
혹은
말씀 언저리에서
머뭇거리는 삶이 아니라,
말씀 안에서
혹은
말씀 위에서
순종하며 살아가는 삶을
무한히 반복해야 합니다.
때가 되면 반드시
그간 이해할 수 없었던
이모저모들이
선명하게 깨달아지고,
심히 어렵고 힘들게만 여겨졌던
교훈과 명령들이
오늘과 내일을 위한
가장 안전하고 확실한 안내로

믿어지는 것입니다.
결국
일상을 통해서도
살아 계신 하나님의 섭리와 역사를
더욱 진하고 강하게
경험하게 되는 것입니다.
하여,
이즈음에도
'무엇을 보고 있는지',
'무엇을 믿고 있는지',
'무엇을 따라가고 있는지'를
세심하게 점검해야 하겠습니다.
이미 열어주신 눈을
'또다시 어둡고 흐리게 만들고 있는지'
아니면
이미 열어주신 눈을
'더욱 맑고 밝게 만들고 있는지'를
정직하게 확인해야 하겠습니다.
이것이 전혀 아니라면,
담대히 내려놓고 비워내게 하소서.
이것이 정말 확실하다면,
끝까지 품고 인내하게 하소서.
더해진 안목으로!
참 그리스도인답게!

하늘에 있는 것이나 땅에 있는 것이 다
그리스도 안에서 통일되게 하려 하심이라

나를 향한
하나님의 절절한 마음을
가장 완전하게 보여주신 예수님을
남은 생의 주인으로
믿지 않고
따르지 않고서는
결단코
그 마음을
헤아릴 수도,
경험할 수도,
누릴 수도 없는 것입니다.
부활하신 예수님이
지금도 살아 계신 하나님이시라는
성경의 진리를
기억하지 않고
붙잡지 않고서는
결단코
그 마음을 따라
선택할 수도,

살아갈 수도,
증언할 수도 없는 것입니다.
결국
그 마음을 떠나서는,
다시 말해서,
예수님의 교훈과 명령을 외면하고서는
나의 남은 생이라도
왜곡될 수밖에 없고,
변질될 수밖에 없는 것입니다.
하여,
날마다 다가오시는 예수님을
겸손하게 맞이해야 합니다.
날마다 기다리시는 예수님께로
정직하게 나아가야 합니다.
날마다 앞서가시는 예수님을
신실하게 따라가야 합니다.
어느새
부패하고 어두운
나의 안과 밖으로

그 마음이 스며들고,
또 어느새
맑고 밝게 변화된
나의 안과 밖으로부터
그 마음이 스며나는

일상을 살아가게 하소서.
이후로도
더 이상 후회가 없는
일상을 살아가게 하소서.
참 그리스도인답게!

| 11 |

모든 일을 그의 뜻의 결정대로 일하시는 이의 계획을 따라 우리가 예정을 입어 그 안에서 기업이 되었으니

'예수님이 하나님이심'을
믿게 해 주시고,
이 자리까지 이끌어주신
하나님 아버지의 마음을
지금도 깊이 헤아리고 있는 한,
어떤 형편에 처해있든지
그 마음에 합당한 삶을
기꺼이 선택하며 살아가고자
수고하고 땀 흘리기 마련입니다.
그러나
누구라도

혹은
누가
어느 수준에까지 이르렀다고 해도
하나님 아버지의 절절한 마음을
잊어버리고 잃어버리면
여지없이
자신의 감정과 생각을 따라
살아갈 수밖에 없음을
때마다 일마다 기억해야 합니다.
이즈음에 또다시
내가 살아가는 이유를

정직하게 물어보았을 때,

예수님보다 앞선

그 무엇 때문이라면,

다시 말해서,

그 마음과는 전혀 어울리지 않는

그 무엇 때문이라면,

결국 허물어지고 말

혹은

반드시 허물어야 할

바벨탑이라는 사실도

때마다 일마다 기억해야 합니다.

하여,

일평생 동안

부활하신 예수님을 나의 주인으로

인정하며 따라가게 하소서.

예수님의 몸 된 교회를

전인격으로 경험하며 누리게 하소서.

생명과 약속의 말씀을 따라,

더불어

말씀과 함께 역사하시는

성령님의 인도하심을 따라

순종하며 살아가게 하소서.

믿음직한 하나님의 자녀로!

| 12 |

이는 우리가 그리스도 안에서 전부터 바라던
그의 영광의 찬송이 되게 하려 하심이라

세상의 기대에 맞추어진

나라는 존재는

시간과 장소에 따라

언제든지

변할 수밖에 없는

불안정하고 불확실한 한계를

품고 있습니다.

반면,

하나님의 마음으로 변화된
나라는 존재는
지금도,
이후로도
영원히 변하지 않는
안정감과 확실함이
보장되어 있습니다.
사람들의 눈이 아닌
하나님의 눈에는
나라는 존재가
지극히 아름다운 것입니다.
하나님 자신을
기꺼이 내어놓으실 만큼
그토록 귀한 것입니다.
이와 같은 진실이
깨달아지고 믿어질수록
무너진 자존감이라도
놀랍게 세워지고,
오늘과 남은 생을 향한 열정 또한
다시 충전되는 것입니다.

하여,
'무엇에,
어디에,
누구에게
집중하고 있는지'를
돌아봅니다.
'나에 대한 이해와 확신이
얼마나 건강한지'도
살펴봅니다.
결국
'예수님을 향한 나의 사랑이
얼마나 진지하고 절실한지'를
자문해봅니다.
오늘의 형편이 어떠하든지
하나님의 기쁨이 되기를
간절히 소망하게 하소서.
마침내
하나님의 자랑이 되게 하소서.
믿음직한 하나님의 자녀로!

| 13 |

그 안에서 너희도 진리의 말씀 곧 너희의 구원의 복음을 듣고
그 안에서 또한 믿어 약속의 성령으로 인치심을 받았으니

신앙의 연수에 관계없이
오늘도
말씀을 깨달아가고,
그말씀이 권하는 대로 살아가고자
자원하는 그리스도인은
외적인 변화와 함께
내적인 변화를
반드시
경험하기 마련입니다.
지난 시절동안
무척이나 익숙했고,
그래서 오히려
무능함과 부패함을 부추겼던
삶의 방식을
또다시
고집하며 살아가는 것이
얼마나 어리석은 선택인지를
여전히 절감하고 있기에,
그말씀이 안내하는 데까지

우직하고 충성스럽게 살아가기를
멈추지 않는 것입니다.
언제 어디에서라도
무능하고 부패한
환경과 사람들을 뛰어넘는
살아 계신 하나님의 섭리와 역사를
믿고 의지하며 나아가고 있기에,
그 누구의 삶과
비교될 수 없고,
그 무엇으로도
비교할 수 없는
참으로 아름답고 멋있는
그리스도인의 삶을 살아가기를
기뻐하는 것입니다.
하여,
이와 같은 확신이
더욱 깊고 넓게 뿌리 내리게 하소서.
나보다 나를
더욱 잘 알고 계시는

하나님의 돌보심과 이끄심을
더욱 믿고 의지하며 따라가게 하소서.

그 시점 그 지점까지!
믿음직한 하나님의 자녀로!

| 14 |

이는 우리 기업의 보증이 되사
그 얻으신 것을 속량하시고 그의 영광을 찬송하게 하려 하심이라

잠시 잠깐이라도
예수님을 향한
영적인 시선과 마음의 끈을
놓아버리거나 놓쳐버리면
어김없이
옛사람의 악성과 악습은
활개를 치고,
애당초 원하지 않았던
언행심사(言行心事)로 인해
생명의 기운 또한
소멸되기가 일반입니다.
하여,
오늘도
주인 되신 예수님을

'얼마나 어떻게 경배하고 있는지'를
정직하게 살펴보면서
무력해진 안과 밖을
또다시 세워나가야 합니다.
오늘도
창조주 하나님의 피조물답게
그리고
주인 되신 예수님의 청지기답게
'분별력과 책임감을 더해가고 있는지'도
진지하게 살펴보면서
흐트러진 안과 밖을
또다시 정돈해나가야 합니다.
이처럼
지극히 정상적인 신앙생활은

예수님을
생각하고,
바라보며,
따라가는 선택을
무한히 반복하게 합니다.
더불어
예수님의 교훈과 명령을
기억하고,
순종하며,
따라가는 훈련을
무한히 반복하게 합니다.
마침내

나와 함께
그리고
나를 통해 살아가시는
예수님의 사람으로
살아가게 합니다.
오늘도
감사하게 하소서.
기뻐하게 하소서.
찬양하게 하소서.
그리고
마땅히 행할 바를 행하게 하소서.
믿음직한 하나님의 자녀로!

| 15 |

이로 말미암아 주 예수 안에서
너희 믿음과 모든 성도를 향한 사랑을 나도 듣고

사랑하는 만큼
믿을 수 있고,
믿는 만큼
순종할 수 있는 것입니다.

지금도
예수님의 교훈과 명령 그대로
순종하며 살아가고 있다면,
주인 되신 예수님을

깊이 신뢰하며

사랑하고 있음이 분명합니다.

이처럼

바른 복음으로 시작된

바른 신앙생활이라면,

삶의 내용은

더욱 분명해지고,

단순해지기 마련입니다.

그렇게 힘들고 어렵게만 여겨졌던

믿음의 여정에도

어느새

감사의 제목이 늘어나고,

기뻐할 이유가 많아지며,

그로 인해

하나님을 찬양함이 더해지기 마련입니다.

하여,

오늘도

주인 되신 예수님을

'얼마나 사랑하고 있는지'를

정직하게 살펴보아야 합니다.

더불어

예수님보다 앞선 어떤 것이라도

아낌없이

그리고

남김없이

내려놓아야 합니다.

오늘도 어제처럼

그리고

내일도 오늘처럼,

그렇게

예수님의 사람으로 살아가기를

자원해야 합니다.

또다시

예수님을 사랑하기로 선택하고,

예수님을 믿고 따라가기를

다짐해야 합니다.

이후에도

변화된 삶을 경험하고 누리게 하소서.

믿음직한 하나님의 자녀로!

내가 기도할 때에 기억하며
너희로 말미암아 감사하기를 그치지 아니하고

어찌하든지
나를 하나님의 자녀로 삼으시고,
하나님의 자녀답게
누리며 살아가기를 바라시는
하나님 아버지의 절절한 마음이
참으로 어둡고 부패한
나의 마음 안으로 전해지는 순간,
이제까지도
하나님의 자리를
내가 차지하고 있었음이 깨달아지고,
나를 위한
예수님의 죽으심과 부활하심이 믿어져서,
마침내
하나님 아버지를 등진 삶을 돌이키고
하나님의 마음 안으로 나아가는
그리스도인이라면,
더 이상 나를 위해서만
살아갈 수는 없는 것입니다.
나의 주인이 어떤 분이신지를

정확히 알게 된 이상,
이전 나의 방식과 기호만을
고집하며 살아갈 수는 없는 것입니다.
이미 허락된 이런 저런 자원들과
이후로도 더해질 갖가지 자원들이
애당초
하나님께 속한 것이었음을 기억하고,
주인의 목적과 계획을 따라
관리하고 사용하는
지혜로운 청지기로 살아감이
결코 억지가 아닌
지극히 당연하고 자연스러운
삶의 방식으로 변화되는 것입니다.
하여,
오늘의 일상도
'얼마나 하나님과 친밀해져 있는지'를
살펴보아야 합니다.
또한,
'얼마나 예수님을 따라가고 있는지'도

확인해보아야 합니다.
만일
이와 같은 일상으로부터
멀어져 있다면,
하던 일도, 가던 길도
즉시로 멈추고 돌이켜야 하겠습니다.
반면,
이와 같은 일상을

여전히 살아가고 있다면,
하던 일로, 가던 길로 인해
더욱 감사하며 기뻐해야 하겠습니다.
이로써
하나님의 마음이 흘러넘치게 하소서.
하나님의 마음 그대로 살아가게 하소서.
넉넉히!

우리 주 예수 그리스도의 하나님, 영광의 아버지께서
지혜와 계시의 영을 너희에게 주사 하나님을 알게 하시고

나의 전인격이
하나님을 향해 열린 만큼
살아 계신 하나님의
함께하심과 섭리하심을
경험하게 되고,
하나님을 알아감과 믿어짐이
더욱 깊어지는 법입니다.
오늘도

믿음의 사람으로,
말씀의 사람으로,
순종의 사람으로
신실하게 살아갈 수 있음은
그만큼
창조주 하나님께
다가 서 있다는
증거이고,

그만큼
주인 되신 예수님께
집중하고 있다는
증거입니다.
이같은 삶을 지속하기 위해
오늘의 불편함과 불이익도
기꺼이 감내하고 있는데,
어찌 하나님의 은혜와 사랑이
드러나지 않을 수가 있겠습니까!
이같은 삶을 살아내기 위해
기꺼이 수고하고 땀 흘리고 있는데,
어찌 하나님의 생명과 능력이
전해지지 않을 수가 있겠습니까!
하여,
날마다

열린 마음과
열린 귀와 눈으로
생명과 약속의 말씀을
받아들여야 하겠습니다.
더불어
예수님의 교훈과 명령이라면
언제라도 믿고 따라가는 삶을
살아가야 하겠습니다.
이처럼
변화된 오늘을
살아가게 하소서.
더해진 하나님의 마음으로
살아가게 하소서.
넉넉히!

| 18 |

너희 마음의 눈을 밝히사 그의 부르심의 소망이 무엇이며
성도 안에서 그 기업의 영광의 풍성함이 무엇이며

46

유한한 자원을 뛰어넘는
영원한 실상(實像)이 무엇인지가
명확히 깨달아지고 믿어져서,
오늘도
아는 바대로, 믿는 바대로
살아가고 있음은
혈과 육을 뛰어넘는
영적인 전투에서
승기를 잡고 있다는
증거입니다.
오늘도
세상이 무엇이라고 해도,
이미 허락된 자원으로도
넉넉함을 경험하고 있음은
흔들림이 없는 평안함과
막힘이 없는 자유함을
누리고 있다는
증거입니다.
이처럼
하나님의 자녀답게 살아가고자
수고하고 땀 흘리는 여정에는

세상이 결코 흉내 낼 수 없는
풍성함으로 차고 넘칩니다.
무지하고 무각한
환경과 사람들의 안과 밖을
살리고 깨우는
선한 영향력으로 충만합니다.
하여,
남은 생도
나의 경험과 자원으로만
살아가려는 어리석음을
철저히 내려놓아야 하겠습니다.
더불어
예수님을 신실하게 따라갔던
믿음의 선배들처럼,
그렇게 마음과 힘을 다해
예수님의 교훈과 명령대로
살아가야 하겠습니다.
이로써
하나님의 자녀 됨이 증명되게 하소서.
하나님의 마음 또한 나누어지게 하소서.
넉넉히!

그의 힘의 위력으로 역사하심을 따라
믿는 우리에게 베푸신 능력의 지극히 크심이 어떠한 것을
너희로 알게 하시기를 구하노라

나의 힘으로만 감당할 수 없는
갖가지 문제 앞에서도
여전히
누군가의 힘과 배경을
이용하려고 몸부림치고 있다면,
그만큼
창조주 하나님의 주권과
예수님의 주인 되심을
막아서고 있음을
깨달아야 합니다.
더구나
살아 계신 하나님의 역사를
지연시키고 있음도
깨달아야 합니다.
어찌되었건,
원치 않게 다가오는 문제는
살아 계신 하나님을 경험하게 하는
또 다른 기회임을

깨달아야 합니다.
그 문제 앞에서
나와 누군가의 한계를
철저히 인식하고 인정할수록
하나님의 해결책은
더욱 선명해지고,
그 문제를
하나님 앞에 내어놓을수록
예수님의 주인 되심은
더욱 확실해진다는 사실도
깨달아야 합니다.
결국
그 문제 또한
더 이상의 문제가 될 수 없음을
경험해야 합니다.
하여,
갖가지 문제로 인해
어제보다도 더한 불편함을

감수해야 하고,
지금보다도 더한 불이익을
감내해야 한다고 할지라도
부활하신 예수님을
더욱 생각하고,

주인 되신 예수님께
더욱 집중하게 하소서.
이로써
그 문제를 넘어서게 하소서.
넉넉히!

| 20 |

그의 능력이 그리스도 안에서 역사하사
죽은 자들 가운데서 다시 살리시고 하늘에서 자기의 오른편에 앉히사

변하지 않는
생명과 약속의 말씀에
뿌리를 내린 믿음이라면
그말씀이 안내하는 지점까지
계속해서 자라가야 합니다.
심지어
불미하고 부족한 환경 중에서도
마땅히 취해야 할 바를 취하고,
마땅히 행해야 할 바를 행하기를
계속해서 자원해야 합니다.
이와 같은 신앙생활이라면,

동행하시는 성령님의 역사를
반드시 경험하기 마련이고,
이미 믿어진
살아 계신 하나님과
하나님이신 예수님을
더욱 믿으며,
'그말씀 그대로'
순종하며 살아가기 마련입니다.
이후로도
참으로 귀하고 아름다운
그리스도인의 삶을

기뻐하고 소망하기 마련입니다.
하여,
그말씀 앞에 머물기를
소홀히 여기지 않게 하소서.
그말씀이 나누어지는
예수님의 몸 된 영적 관계성 안으로
깊이 들어가게 하소서.
그말씀으로
자신과 환경과 사람들을

일깨우는 일상을
적극적으로 살아가게 하소서.
이로써
부활하신 예수님을 향한
'나의 믿음이 무엇인지'
그리고
'그 믿음의 삶이 어떠한지'를
증거하게 하소서.
넉넉히!

| 21 |
모든 통치와 권세와 능력과 주권과
이 세상뿐 아니라 오는 세상에 일컫는 모든 이름 위에 뛰어나게 하시고

하나님의 자녀로 다시 태어난
그리스도인의 인격은
그저 세워지는 것이 아닙니다.
날마다 그말씀을 살아내는
반복적인 선택과 행함으로
그말씀이 안내하는 대로
살아가게 되고,

그말씀의 원(原)저자 되시는
성령님의 일깨우심과 지도하심에
신실하게 반응함으로
하나님의 마음으로
살아가게 되는 것입니다.
이와 같은 삶으로
어느새

나의 신앙양심은 밝아지고,
그만큼
나의 영적 안목(眼目)과 분별력은
더해지는 것입니다.
오늘도, 내일도
누구를 위해
그리고
무엇을 행하며
살아가야 하는지를
명확히 알게 되고,
실천하게 되는 것입니다.
결국
그토록 독하고 질긴
옛사람의 악성과 악습은
시들시들해지고,
숨겨진 야망과 탐욕이라도
힘을 잃어버리고 마는 것입니다.
하여,
날마다
살아 계신 하나님 앞에서

겸손하고 정직한 자로
엎드려야 하겠습니다.
날마다
그 교훈과 명령으로
나의 안과 밖을
다듬어야 하겠습니다.
어찌하든지
아닌 것을 단호하게 내려놓고,
어찌하든지
참된 것을 신실하게 붙잡는
깨어 있는 그리스도인으로
살아가야 하겠습니다.
이로써
나를 통해 역사하시는
하나님의 능력이 증명되게 하소서.
더불어 반드시
나를 통해 일하시는
하나님의 성품이 드러나게 하소서.
참으로 맑고 밝게!
끝까지!

| 22 |

또 만물을 그의 발 아래에 복종하게 하시고
그를 만물 위에 교회의 머리로 삼으셨느니라

주인 되신 예수님의 권위 아래
철저히 순복하는
결단과 선택이 없다면,
그럴 듯한 명분이나 사역도
결국
예수님과는 전혀 무관한 일로
변질될 수밖에 없다는 사실을
늘 기억해야 합니다.
예수님의 교훈과 명령 앞에서도
여전히 저항하고 거부하고 있다면,
예수님을 안다고
더불어
믿는다고 하는 말도
일상을 통해서는
결코 증명되지 않을
의미 없는 소리에 불과하다는 사실도
진지하게 숙고해야 합니다.
언제나
어디에서나

그러했듯이,
그리스도인이 나아가야 할 길은
결코 쉽거나 가볍지 않다고 했습니다.
예수님으로 인한 값비싼 은혜를
절절히 경험하고 있는 그리스도인은
그토록 무능하고 부패한
악성과 악습을 딛고 일어서기를
무한히 반복한다고도 했습니다.
그 교훈과 명령으로
도전하시는 주인의 마음을
지금도 생생히 헤아리고 있기에
더욱 하나님 중심으로,
더욱 말씀 중심으로,
더욱 예수님의 몸 된 교회 중심으로
살아간다고도 했습니다.
하여,
지금 내가
'어디쯤 와 있는지'를
정직하게 살펴보아야 하겠습니다.

이후로도
'어디를 향해 나아갈 것인지'를
정직하게 질문해보아야 하겠습니다.
어찌하든지
일어서는 자가 되게 하시고,

나아가는 자가 되게 하시며,
누리는 자가 되게 하소서.
신실한 그리스도인으로!
끝까지!

교회는 그의 몸이니
만물 안에서 만물을 충만하게 하시는 이의 충만함이라

예수님의 몸 된 교회를
석화(石化)된 구조물로
만들어가고 있는
사람들의 어리석음을
정확히 볼 수 있어야 합니다.
교회를 통한 하나님의 계획을
이성과 경험으로
제한하고 있는
사람들의 무능함도
정확히 볼 수 있어야 합니다.
결국

교회의 영광스러움을
야망과 탐욕을 위한 수단으로
오용하고 있는
사람들의 부패함도
정확히 볼 수 있어야 합니다.
이처럼
믿음이 무엇인지,
구원이 무엇인지,
교회가 무엇인지를
정확하게 깨닫지 못하면,
여전히

하나님의 방식이 아닌
나의 방식으로
일관하기 마련입니다.
세월이 더 흐른다고 해도
오히려 후패함이 더해지고,
때마다 일마다
하나님의 마음을 헤아리고
순종하며 살아가는 삶은
희망사항일 뿐입니다.
하여,
이토록 불량하고 왜곡된

환경과 사람들 앞에서도
믿는 자답게,
구원받은 자답게,
교회를 경험하고 있는 자답게
당당하고 정직하게 살아가게 하소서.
이후로도
살아 계신 하나님께서
사용하시고 역사하시는
선한 통로가 되게 하소서.
끝까지!

제2부

그러므로
생각하라

Therefore
remember that

(에베소서 2장)

그는 허물과 죄로 죽었던 너희를 살리셨도다

내가 하나님이 된 상태가
'죄'요,
생명의 근원되시는
하나님과의 영원한 분리가
'영적인 죽음'이라고 했습니다.
죄를 더할수록
영적인 생명력은 사라지고,
내가 하나님으로 살아가는 한
하나님과는 멀어지기 마련입니다.
나를 살리고 깨우는 방법은
언제나 동일합니다.
더 새롭고 탁월한
그 어떤 방법이 아닙니다.
그것은
지극히 명쾌하면서도
반복적인 것입니다.
그것은
십자가와 부활의 예수님을
날마다
기억하는 것입니다.

그것은
지난 삶의 악성과 악습을
적극적으로
거절하는 것입니다.
그것은
예수님의 교훈과 명령을
마음과 힘을 다해
살아내는 것입니다.
그것은
반드시 말씀과 함께
역사하시는 성령님을
깊이 신뢰하며
따라가는 것입니다.
하여,
하나님이 보시기에,
더불어 사람들이 보기에도
인정받을 만한
변화된 인격과 방식으로
살아가야 하겠습니다.
세월이 흐를수록

더욱 품격 있고 수준 높은
안과 밖으로
살아가야 하겠습니다.
이와 같은 일상이
오늘의 기쁨과 감사의

제목이 되게 하시고,
내일의 소망과 기도의
제목이 되게 하소서.
끝까지!

| 02 |

그때에 너희는 그 가운데서 행하여
이 세상 풍조를 따르고 공중의 권세 잡은 자를 따랐으니
곧 지금 불순종의 아들들 가운데서 역사하는 영이라

새사람의 신앙인격은
약속의 말씀 앞에서
얼마나
가난하고 온유한 마음으로
순종하고 있는가를 통해
드러나는 것입니다.
또한,
환경과 사람들의
반역성과 부패성 앞에서
얼마나

애통하고 긍휼한 마음으로
감내하고 있는가를 통해
드러나는 것입니다.
하여,
오늘도
하나님을 알아가는 지식이
더해져야 하고,
그만큼
영적인 분별력과 책임감이
더해져야 하는 것입니다.

오늘도
말씀묵상과 기도를 통해
하나님과의 친밀함이
더해져야 하고,
그만큼
하나님의 마음으로 살아내는
삶의 실제와 증거들이

더해져야 하는 것입니다.
이와 같이 변화된
새사람의 인격과 삶으로
살아 계신 하나님이 드러나게 하시고,
주인 되신 예수님이 인정되게 하소서.
끝까지!

| 03 |

전에는 우리도 다 그 가운데서
우리 육체의 욕심을 따라 지내며 육체와 마음의 원하는 것을 하여
다른 이들과 같이 본질상 진노의 자녀이었더니

하나님과 나의 관계를
맑고 밝게 세워줄
기본적인 전제는
온전한 '돌이킴'입니다.
내가 하나님이었던
자리로부터 내려와서
하나님을 주인으로
인정하는 자리로 나아가고,

주인의 교훈과 명령을
기쁘게 행하는 일상은
이미 세워진 관계에
친밀감과 신뢰감을 더해줍니다.
한편,
사람과 나의 관계를
맑고 밝게 세워줄
기본적인 전제는

온전한 '용서'입니다.
무한용서의 의미를
정확히 기억하고,
받은 은혜와 사랑의 유통자로
살아가기를 간절히 소망하며,
옛사람의 악성과 악습 앞에서
새사람의 신앙인격으로
정직하게 직면하는 일상은
불가능해 보였고
그래서 애써 넘어가고 싶었던
사람들에 대한 용서로
마땅히 이어지게 합니다.
결국,
용서는
예수님께 뿌리를 내린
믿음의 열매로,
다시 말해서,

십자가와 부활의 예수님이
온전히 믿어진 그대로
사람들을 용서하는 삶으로
드러나기 마련입니다.
하여,
먼저는
하나님을 향한 나의 안과 밖이
얼마나 진지한지를 살펴보게 하소서.
그리고 반드시,
사람들을 향한 나의 안과 밖이
얼마나 투명한지도 살펴보게 하소서.
이로써
회개의 사람으로,
용서의 사람으로,
믿음의 사람으로 살아가게 하소서.
오늘도! 내일도!
든든히!

| 04 |
긍휼이 풍성하신 하나님이
우리를 사랑하신 그 큰 사랑을 인하여

하나님의 은혜를
확실히 깨달아 아는 자의 삶은
누가 보아도
달라 보입니다.
내가 얼마나 존귀하고
아름다운 사람인가를
기억하는 대로
하나님의 긍휼을
더욱 경험하기 마련이고,
하나님의 사랑을
더욱 실천하기 마련입니다.
한편,
하나님의 공의를
확실히 깨달아 아는 자의 삶 또한
누가 보아도
달라 보입니다.
내가 얼마나 무능하고
부패한 사람인가를
기억하는 대로

하나님의 마음을
더욱 헤아리기 마련이고,
하나님의 말씀을
더욱 따라가기 마련입니다.
이처럼
하나님의 은혜와 공의 앞에서
오늘도 살아가고 있음을
확실히 기억하는 그리스도인은
더욱 맑고 밝게
변화되기 마련입니다.
하여,
받은 은혜만큼
혹은 그 이상으로
영적인 분별력과 책임감이
더해져야 하겠습니다.
어떤 형편 중에라도
기꺼이 낮아지고,
기꺼이 비워내며,
기꺼이 나아가는

신실한 청지기로
살아가야 하겠습니다.
이와 같은 삶으로

기뻐하고 감사하게 하소서.
진심으로!

| 05 |
허물로 죽은 우리를 그리스도와 함께 살리셨고
(너희는 은혜로 구원을 받은 것이라)

영적으로 '살아났다' 함은
하나님의 본체이셨던
예수님을 믿음으로
살아 계신 하나님과의
'영원한 연합을 이루게 되었음'을
의미합니다.
이는
유한한 사람으로서는
결코 만들어 낼 수 없는
하나님의 계획이요 지혜입니다.
이처럼
영원한 분리로부터
영원한 연합으로

이미 들어선 그리스도인은
달라도 전혀 달라진 존재로
살아가고 있음을
실감합니다.
이는
유한한 세상으로서는
결코 분리시킬 수 없는
하나님의 구원이요 은혜입니다.
이후로 날마다
그리고 머무는 곳곳에서
영원한 생명을 기억하며
누리고 있는 그리스도인은
변해도 너무나 변화된 존재로

살아가고 있음 또한
실감합니다.
하여,
기뻐하지 않을 수 없고,
감사하지 않을 수 없는 것입니다.
남은 생을 향해서도
소망하지 않을 수 없고,
기대하지 않을 수 없는 것입니다.

이처럼
여전한 세상살이 중에도
구별된 그리스도인답게 살아가게 하소서.
부족하고 연약한
나를 통해서도
영원한 생명이 흘러가게 하소서.
더욱 낮고 낮은 곳으로!
끊임없이!

| 06 |
또 함께 일으키사
그리스도 예수 안에서 함께 하늘에 앉히시니

부활하신 예수님이
나의 하나님으로 믿어진
그리스도인의 남은 생은
옛사람의 악성과 악습으로만
지속되지 않는 법입니다.
부활하신 예수님을
나의 주인으로 인정할 때부터
동행하시는 성령님의

지도하심과 인도하심이
신앙의 연수만큼
더욱 구체적으로
와 닿기 마련입니다.
또한,
예수님의 교훈과 명령을
듣고 보며 기억할수록
새사람의 신앙인격이

세워지기 마련이고,

그렇게 맑고 밝게 살아가기를

더욱 진지하게

소원하기 마련입니다.

하여,

날마다

성령님과 동행하고 있는지를,

예수님의 교훈과 명령으로

나의 마음과 일상을

세우고 있는지도,

더불어

나의 이기적인 중심성과

고질적인 악성과 악습을

단호하게 거절하고 있는지도

정직하게 살펴보게 하소서.

날마다

부인할 것을 부인하지 않고,

선택할 것을 선택하지 않고,

마땅히 행해야 할 것을 행하지 않는 한,

그토록 풍성하고 귀한

하나님의 은혜와 사랑 앞에서도

또다시

무너질 수밖에 없다는 사실을

겸손하게 인정하게 하소서.

이로써

언제든지

어떤 형편 중에라도

하나님의 기쁨이 되는

깨어 있는

그리스도인이 되게 하소서.

사람들이 보기에도

믿음직한 그리스도인으로

살아가게 하소서.

진실로!

| 07 |
이는 그리스도 예수 안에서
우리에게 자비하심으로써 그 은혜의 지극히 풍성함을
오는 여러 세대에 나타내려 하심이라

하나님의 나라는
창조주 하나님이
나의 왕이요 나의 주인으로,
그리고 반드시
하나님이신 예수님이
나의 구원자요 나의 주인으로
인정되어지는 영역입니다.
이는 단순히
장소적인 의미를 뛰어넘는
통치적인 의미요,
관계적인 의미인 것입니다.
이같은 의미를
진지하게 깨닫게 될 때,
지극히 불미하고 부족한
나의 한계를 뛰어넘는
하나님의 은혜와 사랑을
절감할 수 있는 것입니다.
참으로 풍성하고 넉넉한

하나님의 마음과 자원을
경험할 수 있는 것입니다.
결국
'내가 누구인지'를 아는 만큼
하나님의 방법과 지혜를
신뢰하기 마련이고,
'나의 자리가 어디인지'를 아는 만큼
성령님의 지도와 인도를
따라가기 마련입니다.
하여,
오늘도
하나님의 자녀로 거듭나게 하소서.
하나님의 자녀로 세워지게 하소서.
하나님의 자녀답게 살아가게 하소서.
오늘도
예수님의 제자로 거듭나게 하소서.
예수님의 제자로 세워지게 하소서.
예수님의 제자답게 따라가게 하소서.

오늘도

성령 충만한 사람으로 거듭나게 하소서.

성령 충만한 사람으로 세워지게 하소서.

성령 충만한 사람답게 호흡하게 하소서.

하나님의 나라 안에서!

그 은혜와 사랑으로!

| 08 |

너희는 그 은혜에 의하여 믿음으로 말미암아 구원을 받았으니
이것은 너희에게서 난 것이 아니요 하나님의 선물이라

하나님의 자녀로 거듭난 후,

내 안의 새벽을 깨우는

수고와 땀은

남이 아닌 내가

몸소 실천해야 할 과제입니다.

이를 위해

말씀이라는 거울 앞에서

나의 안과 밖이

'얼마나 정돈되었는지'를,

이와 동시에

나의 안과 밖이

'얼마나 일그러졌는지'도

정직하게 점검하는 과정을

생략해서는 안 되는 것입니다.

더불어

반복적으로 권면하시고 지도하시는

성령님의 일깨우심에

정직하게 순복하는 과정도

생략해서는 안 되는 것입니다.

결국

지극히 마땅한 과정을

때마다 일마다 소홀히 여기면

하나님의 자녀라고 할지라도

여전히

내가 하나님이 되어 살아가는 형편이,

다시 말해서,

옛사람의 악성과 악습이 종용하는 대로
선택하며 행동하는 일상이
재현되기 마련입니다.
하여,
먼저는
동행하시는 성령님께
내가 무엇을 얼마나
'잘하고 있는지'를,
이와 동시에
내가 무엇을 얼마나
'잘 못하고 있는지'도

여쭈어보아야 하겠습니다.
때로는 격려하시고,
때로는 경고하시는
성령님의 세밀한 역사하심을
매순간 경험하고 누리는 삶을
살아가야 하겠습니다.
이즈음에 또다시
마음과 힘을 다해
기뻐하고 감사하며 찬양하게 하소서.
변화된 그리스도인답게!

| 09 |

행위에서 난 것이 아니니
이는 누구든지 자랑하지 못하게 함이라

지금 나의 영적 상황을
보다 더 정직하고 세밀하게
진단하기를 원한다면,
변화된 존재답게
'얼마나 담대하고 지혜롭게

선택하고 있는지'를
확인해보아야 합니다.
그리고
변화된 존재답게
'여전히 겸손하고 신실하게

충성하고 있는지'도
확인해보아야 합니다.
나아가
변화된 존재답게
'오늘도 바라보고 꿈꾸며
인내하고 있는지'도
확인해보아야 합니다.
이처럼
나에 대한 이해만큼
영적인 분별력과 책임감은
더해지기 마련입니다.
하나님을 향한
진지함과 성실함도
더해지기 마련입니다.
환경과 사람들을 향한
단호함과 넉넉함도

더해지기 마련입니다.
남은 생을 향한
기대감과 풍성함도
더해지기 마련입니다.
하여,
하나님의 관심이
나의 관심이 되게 하소서.
하나님의 기쁨이
나의 기쁨이 되게 하소서.
하나님의 자랑이
나의 자랑이 되게 하소서.
하나님의 소망이
나의 소망이 되게 하소서.
세월이 지날수록!
더욱더욱!

우리는 그가 만드신 바라
그리스도 예수 안에서 선한 일을 위하여 지으심을 받은 자니
이 일은 하나님이 전에 예비하사
우리로 그 가운데서 행하게 하려 하심이니라

거듭난 그리스도인이라면
새롭게 발견된
남은 생의 목적과 방향은
예수님께로 연결되어야
마땅합니다.
무엇을 하든지
어디에 있든지
예수님의 성품과 마음을 드러내고,
예수님의 교훈과 명령을 따라가는
삶으로 연결되어야
마땅합니다.
반면,
여전히
나의 경험대로,
나의 느낌대로,
나의 생각대로
선택하려 한다면

또다시 무너질 수밖에 없는
생을 반복할 뿐입니다.
하여,
살아 계신 하나님께서
들려주시고 보여주실 때마다
오늘의 목적과 방향이
바른 길 위에 놓여 있는지를
점검해보아야 하겠습니다.
하나님의 나라를,
다시 말해서,
예수님이 주인이 되시는
그 친밀한 관계를
'오늘도 진하게 누리고 있는지'를,
혹은
나도 모르게
또 다른 바벨탑을
'쌓아가고 있지는 않는지'를

확인해보아야 하겠습니다.
이와 같은 수고와 땀이
마르지 않는 한,
하나님이 보시기에
참으로 아름답고 귀한 일들이
펼쳐지게 하실 것입니다.

사람들이 보기에도
참으로 흐뭇하고 풍성한 일들이
펼쳐지게 하실 것입니다.
이처럼 살아가게 하소서.
이처럼 호흡하게 하소서.
변화된 존재답게!

| 11 |

그러므로 생각하라
너희는 그때에 육체로는 이방인이요
손으로 육체에 행한 할례를 받은 무리라 칭하는 자들로부터
할례를 받지 않은 무리라 칭함을 받는 자들이라

영광스럽고 존귀하게
변화된 그리스도인답게
당당하고 힘 있게 살아가기를
간절히 소원하면서
때마다 일깨우시고 지도하시는
성령님의 안내를 따라
정직하게 나아가야 합니다.
남은 생을

가장 풍성하게 만들어주는
가장 확실한 안내는
생명과 약속의 말씀임을
절대적으로 신뢰하면서
때마다 보여주시고 들려주시는
그 교훈과 명령을 따라
우직하게 나아가야 합니다.
이로써

예수님께로
깊이 뿌리를 내리고,
예수님의 주인 되심을
적극적으로 드러내며,
예수님의 발자취를
여전히 따라가는
믿음의 사람으로 변화될 것입니다.
이로써
나의 무능함과 부패함을
세밀하게 진단하시고 수리하시는
살아 계신 하나님의 섭리와 역사를
더욱 진하게 경험하게 될 것입니다.
하여,
오늘도

내가 '어디에 머물고 있는지'를
진지하게 돌아보게 하소서.
오늘도
내가 '무엇을 행하고 있는지'도
진지하게 살펴보게 하소서.
언제라도
마땅히,
머물러야 할 곳에서
마땅히
행해야 할 바를 행하며 살아가는
그리스도인으로 변화되게 하소서.
참으로
영광스럽고 존귀한 사람답게!

| 12 |

그때에 너희는 그리스도 밖에 있었고 이스라엘 나라 밖의 사람이라
약속의 언약들에 대하여는 외인이요
세상에서 소망이 없고 하나님도 없는 자이더니

구원받은 은혜의 감격이
시간이 지날수록

더욱 마음에 사무치는
깨어 있는 그리스도인은

예전이나,

지금이나,

앞으로도

생각하며 소원하는 바가

결코

다르지 않는 법입니다.

지금 내가

살아가고 있는 이유를

정확히 알고,

그 이유를 가진 사람답게

실제로 살아가고 있는

깨어 있는 그리스도인은

날마다 보여주시고 들려주시는

한 말씀 한 말씀을

결코

소홀히 여기지 않는 법입니다.

누가 무엇이라고 해도,

환경이 아무리 장애거리가 된다고 해도

날마다 흘러넘치게 하시는

하나님의 넉넉한 마음을

생생히 경험하고 있는

깨어 있는 그리스도인은

또다시 일어서고 나아가기를

결코

멈추지 않는 법입니다.

하여,

마음과 힘을 다해

하나님을 사랑하는 자로

변화되게 하소서.

하나님이 기뻐하실 모습 그대로

나의 전부를

성령님께 기쁘게 맡기는 자로

변화되게 하소서.

이미 받은 무한한 은혜를

기억하고 감사하며

또다시 낮고 낮은 곳으로

맡겨진 자원을 흘려보내는 자로

변화되게 하소서.

깨어 있는 그리스도인답게!

진실로!

이제는 전에 멀리 있던 너희가
그리스도 예수 안에서 그리스도의 피로 가까워졌느니라

하나님의 마음을 헤아리고
'그말씀 그대로' 살아가려고 할 때,
다시 말해서,
영적인 권면과 도전 앞에서
날마다 나의 중심성을 부인하고
예수님을 따르기를 실천하고자 할 때,
끊임없이 저항하고
심지어 반역하려고 시도하는 원수는
남이 아닌 나의 악성과 악습임을
정직하게 인정하고 고백해야 합니다.
이와 같은 원수의
저항력과 반역성이 짙을수록
영적인 좌절감과 실망감이
더해지는 것 또한 사실이지만,
이런 형편에 대한 애통함을 느끼며
또다시 일어서고 나아가기를
포기하지 않는 한,
하나님과의 영적인 대화는
더욱 투명해지고,

영적인 생명력은
다시 불 붓듯 일어나며,
마침내
성숙된 믿음의 사람으로
살아가게 되는 것입니다.
결국
그 교훈과 명령에
순종하는 가운데 발견되어진
나의 죄성에 대한 깊은 이해는
더욱 맑고 밝은 기도로
이어지게 하고,
나아가
믿음의 삶을
적극적으로 살아가게 합니다.
하여,
생명의 역사가 중단되지 않도록
항상 기도해야 하겠습니다.
그리고 끝까지
낙심하지 말아야 하겠습니다.

이로써

절망이 소망으로 변화되게 하소서.

슬픔이 기쁨으로 변화되게 하소서.

원한이 감사로 변화되게 하소서.

진지하고 정직한

나의 기도로!

나의 믿음으로!

| 14 |

그는 우리의 화평이신지라 둘로 하나를 만드사
원수 된 것 곧 중간에 막힌 담을 자기 육체로 허시고

새사람의 신앙인격으로

옛사람의 악성과 악습을

뛰어넘고 있는 그리스도인은

하나님의 섭리와 역사를

실제적으로 경험하기

마련입니다.

나의 변화뿐만 아니라

환경과 사람들의 변화까지도

불러일으키는 삶을

지속적으로 살아가기

마련입니다.

시간이 흐를수록

낮아져야 할 이유와

희생해야 할 이유를

절실히 깨달아 알고 있기에,

또다시 낮은 자리로

또다시 섬기는 자리로

자원하여 나아가기

마련입니다.

예수님의 자취를 따라갔던

수많은 믿음의 선배들처럼

그렇게 겸손하고 정직하기를,

그렇게 담대하고 신실하기를

진심으로 소원하기

마련입니다.
하여,
이즈음에도
내가 믿고 있는 예수님을
깊이 생각하고 바라보게 하소서.
주인 되신 예수님의 교훈과 명령을
바르게 배우고 기억하게 하소서.
또다시 믿어지고 확신한 그대로

기쁘게 선택하며 순종하게 하소서.
이후로도
깨어 있는 믿음의 사람으로,
기도하는 믿음의 사람으로,
행동하는 믿음의 사람으로
우직하게 살아가게 하소서.
변함없이!

| 15 |
법조문으로 된 계명의 율법을 폐하셨으니
이는 이 둘로 자기 안에서 한 새 사람을 지어 화평하게 하시고

맹목적인 믿음으로는
새사람의 신앙인격이
결코 세워지지 않고,
일상을 통해서도
하나님의 마음과 성품이
결코 드러나지 않는 법입니다.
놀라운 은혜와 사랑에 대한
선명한 기억과 절절한 감동이

유지되지 않고서는
성령님의 일깨우심과 지도하심을
감지하기가 쉽지 없고,
그 교훈과 말씀 앞에서라도
자원하여 순종하기가
쉽지 않는 법입니다.
하여,
날마다

생각하는 믿음으로
그리고 깨어 있는 믿음으로
이미 알고 믿는 바를 따라
정직하고 성실하게
실천하며 살아가야 하겠습니다.
이미 변화된
나의 안과 밖이라고 할지라도
또다시
하나님의 마음과 자원으로 충만해지도록
간절히 사모하는 가운데,
그간 채워진
그 마음과 자원을
오늘도

은혜와 사랑을 필요로 하는
환경과 사람들에게
기쁘게 나누어주어야 하겠습니다.
이를 통해
'내가 누구인지'를,
'나는 어떤 삶을 살아가고 있는지'를
다시금 돌아보게 하소서.
이를 통해
내가 믿고 있는
하나님의 살아 계심이 증명되고,
내가 믿고 있는
부활하신 예수님이 증거되게 하소서.
이 시대에도 여전히!

| 16 |

또 십자가로 이 둘을 한 몸으로 하나님과 화목하게 하려 하심이라
원수 된 것을 십자가로 소멸하시고

십자가의 대속과 부활이
확실히 믿어짐으로 인해
하나님의 자녀로 거듭나는

존재의 변화를 이루었지만,
변화된 존재에 합당한
그리스도인의 삶을

실제적이고 구체적으로
살아가야 할 과제는
나에게 남겨져 있다고
반복적으로 전했습니다.
남은 생 동안에도
받은 은혜와 사랑에 대해
'얼마나 절감하며
살아가고 있는지'
그리고
이후로도 변화될
안과 밖의 이모저모를 위해
분별력과 책임감을
'어느 정도 지니며
살아가고 있는지'를
날마다 돌아보지 않으면,
때마다 일마다
들려주시고 보여주시는
교훈과 명령을
자원함으로,
그것도 기쁘게 순종하기란
그리 만만하지 않은 것이
현실입니다.

하여,
홀로서기는
애초부터 아닌 것으로
인정하고 받아들여야 합니다.
무엇보다도 먼저
하나님과의 친밀함을 위해
진지하게 나아가야 합니다.
더불어 반드시
하나님의 자녀답게 살아가고자
수고하고 땀 흘리고 있는
지체(肢體)들과의 친밀함을 위해서도
정직하게 나아가야 합니다.
이로써
나의 무능함과 부패함이
무색해지게 하소서.
하나님의 마음과 자원들이
나누어지게 하소서.
마침내
내가 믿고 있는 하나님의
섭리하심과 역사하심이
증거되게 하소서.
함께함으로!

또 오셔서 먼 데 있는 너희에게 평안을 전하시고
가까운 데 있는 자들에게 평안을 전하셨으니

하나님께서 하락해주신
환경과 자원들에 대해서
'얼마나 자족하고 있는지'에 따라
하나님의 은혜와 사랑을
인식하는 정도가 다름이
사실입니다.
또한,
하나님 중심으로,
말씀 중심으로,
몸 된 영적 관계성 중심으로
나아가며 살아가기 위해서
'얼마나 나를 부인하고 있는지'에 따라
부활예수의 주인 되심을
인정하는 정도가 다름도
사실입니다.
결국
내면의 형편은
삶으로 드러나기 마련이고,
삶이 단련될수록

내면은 질서를 잡고
풍성해지기 마련입니다.
하여,
때마다 일마다
내가 원하는 바를
선택하는 것이 아니라,
보여주시고 들려주시는
그 교훈과 명령을 따라 선택하는
성숙된 그리스도인이 되기를
진지하게 소원해야 합니다.
동행하시는 성령님이
그말씀으로 일깨우시고 지시하실 때,
기쁘게 즉시로 온전하게 순종하는
깨어 있는 그리스도인이 되기를
간절하게 소원해야 합니다.
이를 통해
하나님의 마음이
충만하게 채워지고,
하나님의 관심과 일하심에 대한

영적인 안목(眼目)이
깊고 넓게 열려지며,
맡겨진 하나님의 일을
정직하고 성실하게 감당하는
청지기로 살아가게 될 것입니다.
또다시
내가 믿고 있는
부활예수의 증인으로 서게 하소서.

또다시
부활예수를
나의 주인으로 인정하며 따라가는
믿음의 사람이 되게 하소서.
또다시
하나님의 은혜와 사랑이
나의 안과 밖을 통해서도
흘러넘치게 하소서.

| 18 |

이는 그로 말미암아
우리 둘이 한 성령 안에서 아버지께 나아감을 얻게 하려 하심이라

자기주도의 한계를
철저히 공감하고 인정하는 만큼
하나님의 마음과 성품으로 채워지며,
하나님이 원하시는 바를 따라
행할 수 있음을
잊지 말아야 합니다.
나의 열심과 방식이
예수님의 교훈과 명령에

'얼마나 합당한지'
그리고
성령님의 일깨우심과 지도하심에
'얼마나 합당한지'를
날마다 살펴보지 않고,
혹여 어긋나 있음을 알고도
즉시로 수정하지 않으면,
바르게 시작된 신앙이라도

왜곡되고 변질되기가 십상이고,
귀하게 쓰임 받고 있던 신앙인이라도
결국 악하고 게으른 사람으로
떨어질 수밖에 없음도
잊지 말아야 합니다.
하여,
어떤 일 앞에서든지
나의 경험과 주장이
앞서지 않도록
먼저 나를 낮추게 하소서.
그 어떤 일보다도
하나님을 진심으로 사랑하고,
하나님의 마음을 세심하게 헤아리며,
하나님의 말씀대로 순종하게 하소서.

이와 같은 삶으로
나의 안과 밖을 통해서도
하나님의 뜻이 이루어지고,
생명의 역사가 드러나게 하소서.
또다시
믿음의 사람이 되고,
겸손의 사람이 되고,
순종의 사람이 되게 하소서.
그리고
하나님의 일을 신실하게 감당하는
착하고 충성된 사람으로
살아가게 하소서.
끝까지!

| 19 |

그러므로 이제부터 너희는 외인도 아니요 나그네도 아니요
오직 성도들과 동일한 시민이요 하나님의 권속이라

하나님의 자녀라고 하는
존재의 변화를

여전히 소중하게
그리고 당당하게

하여, 그말씀 그대로 2

여기며 살아가는
그리스도인의 삶에는
적어도
세월의 흐름만큼
하나님의 마음과 성품이
묻어나오기 마련입니다.
남은 생의 주인이 예수님이심을
여전히 진지하게
그리고 자랑스럽게
여기며 살아가는
그리스도인의 삶에는
적어도
세월의 흐름만큼
하나님의 섭리와 역사가
경험되기 마련입니다.
하여,
'지금 내가
어떤 사람으로 살아가고 있는지'를

정직하게 돌아보아야 합니다.
'지금 내가
행하고 있고,
앞으로도 행하려 하는 일들이
예수님의 교훈과 명령에
얼마나 합당한지'도
정직하게 살펴보아야 합니다.
이를 통해
언제라도
어디에서라도
하나님의 자녀 됨이 드러나고,
신실한 청지기 됨이 드러나게 하소서.
그리고 반드시
살아 계신 하나님이 증거되고,
주인 되신 예수님이 증거되게 하소서.
나의 삶을 통해!
오늘도!

| 20 |

너희는 사도들과 선지자들의 터 위에 세우심을 입은 자라
그리스도 예수께서 친히 모퉁잇돌이 되셨느니라

지식이나 능력의

많고 적음이 아니라

하나님을

'얼마나 사랑하고',

하나님의 말씀에

'얼마나 순종하고 있는가'에 따라

영적인 권위가 세워지기

마련입니다.

어떤 형편에서든지

하나님 편에서 살아가기를

선택하는 그리스도인은

그만큼

혹은 그 이상으로

하나님의 마음을 닮아가기

마련입니다.

일그러진 하나님의 형상 그대로

여전히 살아가고 있는

또 다른 사람들을 위해

오늘도

나의 중심성을 부인하고

새사람답게 일어서기를

기꺼이 자원하는

그리스도인을 통해

하나님의 일은

마침내 이루어지기

마련입니다.

하여,

예수님의 몸 된

영적 관계성 안에서,

다시 말해서,

예수님을 신실하게 따라가는

그리스도인들과의 영적 질서 안에서

살아가게 하소서.

먼저는

예수님의 주인 되심을

철저히 경험하게 하소서.

더불어 반드시

영적 권위가 세워지는 영적 관계성을

풍성히 경험하게 하소서.

나의 신앙과 삶을 통해서도!

| 21 |
그의 안에서 건물마다 서로 연결하여
주 안에서 성전이 되어 가고

예수님을 주인으로
인정하고 고백할 뿐만 아니라,
때를 따라 보여주시고 들려주시는
그말씀의 교훈과 명령에
마음과 삶을 다해 순종하고 있는
그리스도인들과의 영적 관계성이 없이는
신앙적인 지식이나 열심이라도
언제든지
왜곡되고 변질될 수 있음을
경계해야 합니다.
나의 중심성을 부인하고
예수님을 따라가는 영적 관계성을
소홀히 여기거나 무시하는 상태가
오늘도 지속되는 한,
결국
살아 계신 하나님의 임재와 역사는
남의 일이 되고,
하나님의 풍성한 은혜와 사랑이라도
오늘의 메마름을 해갈(解渴)할 수 없는

안타까운 일상을
살아갈 수밖에 없음도
경계해야 합니다.
그렇다고 해도,
개인적이고
심지어 이기적인 세태에
이미 물들어 있는 그리스도인에게는
더 이상 공감하기 힘든
부자유함이요 억지주장처럼
여겨지는 것이 일반입니다.
하여,
날마다
바른 신앙의 길로 들어서야 합니다.
더불어 반드시,
바른 신앙자들과 함께
새사람의 신앙인격을
세워나가야 합니다.
이로써
예수님의 몸 된 영적 관계성은

맑아지고 밝아지는 것입니다.
나와 우리를 통해서도
하나님 나라의 실제가
선명하고 진하게 드러나는 것입니다.
마침내

하나님의 기쁨이 되고,
하나님의 자랑이 되는 것입니다.
이같이 변화되게 하소서.
이같은 삶을 살아가게 하소서.
후회 없이!

| 22 |
너희도 성령 안에서 하나님이 거하실 처소가 되기 위하여
그리스도 예수 안에서 함께 지어져 가느니라

주인 되신 예수님이
나를 통해
일하고자 하실 때,
언제 어디에서든지
따라 나설 수 있는
영적인 준비가
절대로 필요합니다.
나의 계획과 주장이
앞서는 것이 아니라,
주인의 교훈과 명령을 따라
행할 수 있는

마음과 성품으로
변화되어야 합니다.
하여,
평범한 일상 중에도
기도함으로
하나님의 마음을 헤아리고,
말씀을 읽고 생각함으로
깨닫게 된 그 마음을
실천해야 합니다.
유보된 순종
혹은 불순종에 붙어 있는

갖가지 이유들이
오늘의 결단과 순종을
훼방하지 않고,
누적된 불만
혹은 불평으로 인해
메말라가고 있는
안과 밖의 형편이
오늘의 감사와 기쁨을
빼앗아가지 않도록
진실로 낮은 자리로
내려가야 합니다.
이로써

또다시
'내가 누구인지'를
기억하게 되고,
'마땅히 어떤 삶을
살아가야 하는지'를
떠올리게 되며,
'반드시 경험하고 누려야 할
남은 생의 열매'를
소망하게 될 것입니다.
이처럼 변화되게 하소서.
이처럼 준비되게 하소서.
정직하고 겸손한 청지기로!

제3부

이는 이제
교회로 말미암아

So that
through the church

(에베소서 3장)

이러므로 그리스도 예수의 일로
너희 이방인을 위하여 갇힌 자 된 나 바울이 말하거니와

기뻐하며 감사하는 가운데
기꺼이 순종하고,
인내하며 헌신하는 가운데
기꺼이 낮아지는
오늘의 모습은
이미 남은 생의
목적과 이유와 방향이
전적으로 예수님께
집중됨으로 인해 드러나는
자연스러운 열매입니다.
다시 말해서,
자력으로 획득한
풍부한 지식이나 탁월한 능력의
결과물이 아니라,
창조주 앞의 피조물임을
그리고
주인 앞의 청지기임을
철저하고 겸손하게
인정하며 살아가고 있는

지극히 정상적인 그리스도인의
삶의 방식입니다.
하여,
먼저는
남은 생의 내용을
날마다 확인하면서
하나님 중심으로,
말씀 중심으로,
예수님의 몸 된 교회 중심으로
조정하고 수정해야 합니다.
더불어 반드시
남은 생을 살아가는 방식 또한
날마다 확인하면서
하나님이 보시기에
그리고
함께한 사람들이 보기에도
투명하고 진실하도록
조정하고 수정해야 합니다.
이를 통해

왜곡되고 변질된
하나님의 형상이라도
마침내 맑고 밝게 회복되고,
마땅히 생각하며 바라보아야 할
영원한 실상(實像)이 더욱 믿어지며,
불미하고 부패한
환경과 사람들 앞에서도

진실로 기뻐하고 감사하는
영적인 실력자로 서게 될 것입니다.
이같은 소망으로 충만하게 하소서.
이같은 소망으로 살아가게 하소서.
이같은 소망으로 승리하게 하소서.
어떤 형편 중에도!

| 02 |
너희를 위하여 내게 주신 하나님의 그 은혜의 경륜을
너희가 들었을 터이라

믿기지 않았던 하나님이
살아 계신 하나님으로 믿어지고,
나와는 전혀 무관했던 예수님이
나의 구원자요 주인으로 믿어지며,
종교인을 위한 경전으로 여겨졌던
성경의 구절구절들이
오늘과 내일을 위한
가장 안전한 안내서로 믿어지게 하신
이 놀라운 은혜를

시간이 지날수록
더욱 소중하게 여기고,
날마다
간절하게 소원하는
겸손한 그리스도인으로
살아가야 합니다.
또한,
시대가 아무리 변했다고 해도,
그 놀라운 은혜의 경험들을

지금도 머무는 곳곳에서
풍성하게 누리고,
아낌없이 나누어 주는
정직한 그리스도인으로
살아가야 합니다.
결국
이만큼 변화된 이유가
예수님 때문이고,
앞으로도 변화될 이유 또한
예수님 때문이라고
진지하게 고백하는
깨어 있는 그리스도인으로
살아가야 합니다.

더불어 반드시
예수님을 따라 순종하고,
예수님을 따라 헌신하며,
예수님을 따라 인내하는
충성스러운 그리스도인으로
살아가야 합니다.
하여,
진실로 변화된
믿음의 사람이 되게 하소서.
진실로 변화된
믿음의 삶을 살아가게 하소서.
그 놀라운 은혜로!

| 03 |

곧 계시로 내게 비밀을 알게 하신 것은
내가 먼저 간단히 기록함과 같으니

말씀 앞에서 정직하고,
말씀으로 일깨우시고 지도하시는
성령님 앞에서 성실하면,

남은 생을 향한
그리고 이 시대를 향한
하나님의 마음을

반드시 헤아리게 됩니다.
이전에는
감히 따라갈 수 없었던
그토록 좁고 바른 길이라도
기꺼이 나아가려 하고,
마땅히 경험하게 될
수고와 땀이라도
예수님을 더욱 생각하고
믿음의 선배들을 더욱 생각하면서
기쁘게 감당하려 합니다.
그만큼 맑아지고 밝아진
신앙양심으로
불미하고 부패한
환경과 사람들 앞에서도
담대하고 정직하게
직면하려 합니다.
하여,
날마다
말씀 앞에서
나의 무능함과 부패함을
내어놓아야 합니다.

또다시 살아난
나의 중심성을
내려놓아야 합니다.
말씀을 통해
보여주시고 들려주시는
하나님의 마음을
붙잡아야 합니다.
그리고
품게 된 그 마음을
언제 어디에서라도
생각하며 실천해야 합니다.
이로써
거듭난 그리스도인임이
증명되고,
깨어 있는 그리스도인임이
드러나게 하소서.
더불어
나를 변화시키고 있는
생명과 약속의 말씀이
증거되게 하소서.
하나님의 마음 그대로!

그것을 읽으면
내가 그리스도의 비밀을 깨달은 것을 너희가 알 수 있으리라

위로부터 부어지는
하나님의 마음을
날마다
붙잡기를 지속하는 한,
'언제라도'
나의 경험과 주장을
내려놓기 마련입니다.
말씀을 통해 전해지는
성경의 원리를
날마다
따라가기를 지속하는 한,
'어디에서라도'
겸손히 낮추고
섬기기 마련입니다.
말씀묵상과 기도를
날마다
소중하게 여기고
훈련하기를 지속하는 한,
'누구와 함께 하더라도'

믿음의 생각과 믿음의 말로
응대하기 마련입니다.
결국
날마다
나의 중심성을 부인하고
예수님을 따라가기를
멈추지 않는 한,
'무슨 일을 하더라도'
하나님의 성품을
드러내기 마련입니다.
하여,
이즈음에 이르러
나의 영적 안목(眼目)과 영적 분별력이
'얼마나 세워져 있는지'를
정직하게 돌아보게 하소서.
하나님 편에 서기를
'기꺼이 선택하고 있는지'
그리고 일깨우시고 도전하시는
그 교훈과 명령에

'기쁘게 즉시로 온전하게
순종하고 있는지'도
살펴보게 하소서.
언제라도,
어디에서라도,
누구와 함께 하더라도,
그리고 무슨 일을 하더라도
부활하신 예수님을
나의 주인으로 믿고 살아가는

삶의 흔적들이
진하게 남겨지게 하소서.
진실로 기뻐하고 감사하는
깨어 있는 그리스도인으로
살아가게 하소서.
복음 때문에!
예수님 때문에!
끝까지!

| 05 |

이제 그의 거룩한 사도들과 선지자들에게 성령으로 나타내신 것 같이
다른 세대에서는 사람의 아들들에게 알리지 아니하셨으니

볼 수도 없는 하나님이
마치 본 것처럼
믿어지는 기적은
나의 한계를 뛰어넘는
성령님의 역사입니다.
성경을 통해
하나님을 더욱 자세히 알아가면서

그말씀에 대한 확신이
더욱 깊어지고,
그말씀에 순종함이
더욱 수월해지는 은혜 또한
나의 능력을 뛰어넘는
성령님의 역사입니다.
이와 같은 성령님의

일깨우심과 지도하심에
오늘도 얼마나 정직하게
반응하고 있는가는
남은 생의 영적인 부요함과
영적인 가난함을 결정짓는
대단히 중요한 변수가 됩니다.
하여,
매순간
성령님이 기쁘게 일하실 수 있도록
나의 중심성을
단호하게 내려놓아야 합니다.
성령님의 감동하심에 저항하고 있는
갖가지 이유들을
남김없이 비워내야 합니다.

그리고
성령님의 열매와는 전혀 무관한
독하고 쓰디쓴 내용들을
미련없이 토해내야 합니다.
이로써
부족하고 연약한
나의 삶을 통해서도
하나님의 마음이 드러나고,
불미하고 부패한
환경과 사람들이 변화되며,
어제도 오늘도 이후로도
영원토록 동일하신
살아 계신 하나님이 증거되게 하소서.
또 다른 기적과 은혜로!

| 06 |

이는 이방인들이 복음으로 말미암아
그리스도 예수 안에서 함께 상속자가 되고
함께 지체가 되고 함께 약속에 참여하는 자가 됨이라

시간이 흐를수록

악성과 악습으로부터

더욱 자유로워지고,

빛의 자녀답게

생각하고 말하며 실천하는

그야말로 성숙된

그리스도인의 삶은

나의 의지와 확신만으로는

만들어 낼 수 없는

성령님의 역사임을

잊지 말아야 합니다.

하나님의 마음을

지속적으로 헤아리고,

그 마음을 따라 살아가는

그야말로 품격 있는

믿음의 삶 또한

나의 경험과 주장만으로는

일구어낼 수 없는

성령님의 역사임도

잊지 말아야 합니다.

이처럼

나의 시선이

주인 되신 예수님께

집중되고 있는 한,

성령님의 역사로 인해

안과 밖의 변화는

반드시 일어나는 것임을

기억해야 합니다.

하여,

날마다

예수님의 사람이 되기를

기꺼이 자원하게 하소서.

예수님을 깊이 생각하고

기꺼이 따라가게 하소서.

이로써

그야말로

성숙되고 품격 있는 일상이

멈추지 않게 하소서.

이로써

성령님의 역사가

증거되고 증명되게 하소서.

진하고 강력하게!

| 07 |

이 복음을 위하여
그의 능력이 역사하시는 대로 내게 주신 하나님의 은혜의 선물을 따라
내가 일꾼이 되었노라

하나님의 은혜와 사랑을
알아가는 만큼,
하나님의 일꾼 되기를
진심으로
소원하기 마련입니다.
오늘도
부활하신 예수님이
남은 생의 주인이라는 믿음에
흔들림이 없다면,
주인의 교훈과 명령을 따라
충성스러운 청지기로 살아가기를
진심으로
소원하기 마련입니다.
오늘도
하나님의 자녀답게,
예수님의 제자답게,
구별된 그리스도인답게 살아가고자
기꺼이 수고하고 땀 흘리는 한,

오늘의 장애와 문제 앞에서도
또다시 인내하며 감당하기를
진심으로
소원하기 마련입니다.
하여,
지금 나의 마음이
'어디를 향해 달려가고,
어디에 머물러 있는지'를 확인해보면서
언제 어느 때에라도
하나님의 마음과 어울릴 수 있도록
부단히 조정하고 수정해야 하겠습니다.
더불어
나의 신앙과 삶이
예수님으로 인해
흠뻑 젖어들기까지
또다시 예수님을
깊이 생각하고 바라보며
끝까지 따라가야 하겠습니다.

이로써
하나님의 섭리와 역사가 드러나고,
주인 되신 예수님이 증거되며,
예수님의 몸 된 교회가
건강해지게 하소서.

마침내
하나님의 나라를
경험하고 누리게 하소서.
진하고 강력하게!

| 08 |

모든 성도 중에 지극히 작은 자보다 더 작은 나에게
이 은혜를 주신 것은
측량할 수 없는 그리스도의 풍성함을 이방인에게 전하게 하시고

세월이 더 흐른다고 해도
제자들의 발을 씻기신
주인 되신 예수님을
생생히 기억하는 한,
높아진 곳에서 낮아지고,
움켜쥔 것을 내려놓고,
채워진 것을 비워내기를
마다하지 않을 것입니다.
그렇게 낮아지고,
그렇게 내려놓고,

그렇게 비워낸
그 자리에서부터
이미 받은 은혜에 대한
감동과 감사는
또다시 살아날 것입니다.
둘러싼 환경이
풍성하여 형통하거나
처해진 형편이
불미하여 곤고한 중에도
섬기는 자리로 나아가기를

멈추지 않을 것입니다.

이처럼

바른 신앙으로 살아가려 하는

깨어 있는 그리스도인의 삶은

더욱 맑고 밝게

변화되기 마련입니다.

하여,

날마다

하나님의 말씀으로

나의 안과 밖을

정직하게 점검해야 하겠습니다.

날마다

예수님의 마음에 합당한

그런 일상을 살아가도록

정직하게 반응해야 하겠습니다.

이즈음에도

보여주신 그 모습 그대로

낮아지고 내려놓고 비워낸

믿음의 삶으로 인해

예수님이 증거되게 하소서.

희생하며 섬기는

믿음의 삶으로 인해

예수님의 마음이 증거되게 하소서.

진하고 강력하게!

| 09 |

영원부터 만물을 창조하신 하나님 속에 감추어졌던 비밀의 경륜이
어떠한 것을 드러내게 하려 하심이라

신앙의 연수가 더해질수록

나의 일상을 통해서도

하나님의 목적과 계획이

무엇인지 드러나야 합니다.

옛사람의 악성과 악습에 갇혀

원치 않게 종노릇하는

어처구니없는 형편이 아니라,

새사람의 신앙인격으로

하나님의 생명과 마음을 드러내는
자원함의 청지기로
살아가야 합니다.
그 무엇 그 누구와도
비교할 수 없는
절대가치를 알고 믿고 있는
그리스도인답게
환경과 사람들 앞으로
그렇게 담대하고 넉넉하게
나아가야 합니다.
더불어
나와 함께 동행하시는 성령님이
크게 기뻐하시고
충만히 역사하시는
믿음의 여정을
끝까지 완주해야 합니다.
하여,
바쁠수록
고단할수록

신앙의 기본을
더욱 소중히 여기고,
하나님이 원하시는 그 자리를
우직하게 지켜내는
인내의 사람이 되어야 하겠습니다.
형통할수록
세워질수록
신앙의 기본을
건너 뛰려하지 않고,
그말씀이 권고하고
성령님이 일깨우시는 대로
정직하게 순종하는
겸손의 사람이 되어야 하겠습니다.
이로써
나를 구원하신
살아 계신 하나님이 증거되게 하시고,
나의 주인 되신
부활하신 예수님이 증거되게 하소서.
진하고 강력하게!

이는 이제 교회로 말미암아
하늘에 있는 통치자들과 권세들에게
하나님의 각종 지혜를 알게 하려 하심이니

예수님의 몸 된
영적 관계성을
소홀히 여기는 신앙이라면,
또다시 초보적인 수준으로
내려갔다고 해도
틀림이 없습니다.
나의 무능함과 부패함을
끊임없이 녹여내고,
새사람의 신앙인격을
끊임없이 일깨워 주는
영적 관계성을
소홀히 여기는 신앙이라면,
잠시 잠깐 서 있는 듯해도
이내 무너짐으로
후회하게 될 삶을
반복할 것이라고 해도
과장이 아닙니다.
결국

영적 관계성을 통해서
예수님의 몸 된
교회의 의미와 가치를
바르게 체득(體得)하게 됨을
절실히 인식해야 합니다.
더 이상 혼자가 아닌
하나님의 가족들과 함께 하고
하나님의 마음으로 한 몸이 됨으로
아는 바대로, 믿는 바대로
순종하며 살아가게 됨도
절실히 인식해야 합니다.
하여,
먼저는
예수님을 오늘의 주인으로
믿고 따르고 있는지를
살펴보아야 하겠습니다.
그리고 반드시
예수님을 오늘의 주인으로

믿고 따르고 있는
깨어 있는 그리스도인들과의
영적 관계성 안에서
살아가고 있는지도
살펴보아야 하겠습니다.
이후로도
내가 먼저
건강한 그리스도인으로

변화되게 하소서.
이와 함께
내가 속한 교회가
건강한 교회로
세워지게 하소서.
하나님이 보시기에,
사람들이 보기에도
맑고 밝은 영적 관계성으로!

| 11 |

곧 영원부터
우리 주 그리스도 예수 안에서 예정하신 뜻대로 하신 것이라

예수 공동체 안에 들어선 것으로
흡족해하는 것이 아니라,
공동체의 일원답게
혹은 공동체의 품격에 합당하게
생각하고 행동하는
구별된 그리스도인으로
세워져야 하겠습니다.
때가 되어

주인 되신 예수님의 마음을
환경과 사람들에게로
실제로 전하고 나누는
성숙된 그리스도인으로
변화되어야 하겠습니다.
오늘도 일깨우시는
섬김의 삶에 대해서
단호한 결단과

적극적인 실천으로
낮은 자리로 나아가기를
결코 마다하지 않는
신실한 그리스도인으로
살아가야 하겠습니다.
하여,
하나님의 변함없는 은혜와 사랑의
든든한 기초 위에
나의 중심성을
매순간 부인하게 하소서.
때마다 일마다
알게 하시고 믿어지게 하시는
생명과 약속의 말씀을 따라
그리고 반드시

그말씀과 함께
섭리하시고 역사하시는
성령님을 따라
끝까지 나아가게 하소서.
이로써
언제 어디에서라도
구별된 그리스도인의 향기가
깊고 넓게 퍼지게 하소서.
성숙된 그리스도인의 모습이
깊고 넓게 새겨지게 하소서.
신실한 그리스도인의 흔적이
깊고 넓게 남겨지게 하소서.
참으로 깊고 넓게!

| 12 |

우리가 그 안에서 그를 믿음으로 말미암아
담대함과 확신을 가지고 하나님께 나아감을 얻느니라

참으로 곤고한 일상 가운데
하나님의 특별한 은혜와 사랑으로

정신을 차리고 보니,
부활하신 예수님은

영원토록 동일하신
나의 하나님이셨습니다.
그토록 소중하게 여겨왔던
그 어떤 제목들과도
감히 비교할 수 없는
남은 생의 절대가치였습니다.
고질적인 악성과 악습을
어느 때에라도
완전히 무효화시킬 수 있는
살아 계신 주인이셨습니다.
이와 같은 믿음은
흉내를 낸다고
지속되는 것이 아니라,
말씀대로 살아가는
실제적인 삶을 통해
깊어지고 넓어지는 것입니다.
다시 말해서,
아는 바대로, 믿는 바대로
선택하고 실천하는

오늘이 없이는
나의 하나님을 향한
열정이라도
이내 시들해지고,
절대가치를 향한
확신이라도
이내 허물어지며,
살아 계신 주인을 향한
다짐이라도
이내 쪼그라드는 것입니다.
하여,
또다시
믿음의 기본자세를
정직하게 다듬게 하소서.
또다시
말씀 앞에 순종함으로
오늘의 악성과 악습을
힘 있게 갈아엎게 하소서.
새사람답게!

| 13 |

그러므로 너희에게 구하노니
너희를 위한 나의 여러 환난에 대하여 낙심하지 말라
이는 너희의 영광이니라

날마다
나의 중심성을 부인하고
예수님을 주인삼고 따라가는
믿음의 여정에는
크든 작든 장애물들이
반드시 막아서기 마련입니다.
이와 같은 상황을
넘어가기 위해서는
내게 맡겨진 사명을
분명히 인식해야 하겠습니다.
하나님 중심을 벗어난
수많은 사람들이
아무리 '이렇다 저렇다'고 해도
예수님이 교훈하셨고 명령하셨던
그 좁은 길로
나아가기 위해서는
살아 계신 하나님 앞에서
그리고 환경과 사람들 앞에서

끝까지 정직하고 성실해야 하겠습니다.
마침내
하나님의 마음과 성품이
나의 일상을 통해서도
가감없이 드러나기 위해서는
그말씀을 따라
그리고 성령님의 지도하심을 따라
선택하며 살아가기를
부단히 훈련해야 하겠습니다.
하여,
예수님을 믿고 살아가는
그리스도인답게
안과 밖으로 빛이 나고
생기가 돌게 하소서.
나를 통해서 일하시는
하나님의 섭리와 역사가
진하게 드러나게 하소서.
이로써

아직도 죽어 있는
한 사람 한 사람이
살아나게 하소서.
아직도 잠자고 있는
한 사람 한 사람이

깨어나게 하소서.
아직도 머뭇거리고 있는
한 사람 한 사람이
나아가게 하소서.
그 좁은 길로!

| 14 |
이러므로 내가 하늘과 땅에 있는 각 족속에게

바른 복음 위에 서 있다면
시간이 지날수록
영적인 귀와 영적인 눈이
더욱 활짝 열려 있어야 합니다.
나를 향하신
하나님의 계획이 무엇인지를
더욱 선명하게 깨달아가고
환경과 사람들을 마주하는
나의 마음이
하나님의 마음과 성품으로
변화되고 있어야 합니다.
결국

예수님이 빠져버린 일상이 아니라
예수님이 충만한 일상을
살아가고 있어야 합니다.
이와 같은 모습이라면
기뻐하지 않을 수 없고,
감사하지 않을 수 없는 것입니다.
처한 상황이 어떠하든지
순종하지 않을 수 없고,
소망하지 않을 수 없는 것입니다.
하여,
먼저는
부활하신 예수님을

남은 생의 주인으로 인정하고,
예수님의 교훈과 명령을
'정직하게 따라가고 있는지'를
확인해 봅니다.
더불어
'지금도 무엇을 더해가고 있는지'
혹은
'무엇을 덜어내고 있는지'도
살펴봅니다.
'진실로 무엇을 이루고자 하는지'

혹은
'어떤 사람으로 살아가려 하는지'도
점검해 봅니다.
이즈음에도
맑고 밝게
변화되게 하소서.
하나님이 기뻐하시는 사람으로
변화되게 하소서.
반드시!

| 15 |

이름을 주신 아버지 앞에 무릎을 꿇고 비노니

형편이 어떠하든지
마땅히 구할 바를 구하고,
마땅히 찾을 바를 찾고,
마땅히 두드릴 바를 두드리는
우직한 그리스도인으로
변화되어야 하겠습니다.
어느 때에라도
끊임없이 요동치는

나의 마음이 아니라,
변함없이 넉넉한
하나님의 마음으로 살아가는
듬직한 그리스도인으로
변화되어야 하겠습니다.
세월이 이만큼 지났어도
약속의 말씀을
여전히 신뢰하고

끝까지 인내하며 순종하는
신실한 그리스도인으로
변화되어야 하겠습니다.
하여,
이즈음에
또다시
예수님을
깊이 생각하고,
예수님을 끝까지 따라갔던
믿음의 선배들을
깊이 생각합니다.
또다시
예수님의 몸 된 교회를
깊이 생각하고,

깨어 있는 영적 관계성을
삶으로 경험하며 살아갔던
믿음의 선배들을
깊이 생각합니다.
이후로도
정직함과 성실함으로
나아가게 하소서.
하나님의 섭리와 역사가
막힘없이 드러나게 하소서.
여기에 임한
하나님의 나라가
선명하게 증거되게 하소서.
이토록 부족하고 연약한
나를 통해서도!

| 16 |

그의 영광의 풍성함을 따라 그의 성령으로 말미암아
너희 속사람을 능력으로 강건하게 하시오며

성령님의 지도하심에
기쁘게 반응하고 있는
깨어 있는 그리스도인은

자신의 이기적인 욕망을 좇아
살아가려 하는
삶의 방식으로부터

점점 멀어지기 마련입니다.
육적이고
정신적인 허기를 넘어선
영적 갱신과 영적 충만함에 대한
분명한 이해와
간절한 열망으로 인해
예수님이 남겨주셨던
그 자취를 따라,
더불어
참으로 신실한
믿음의 선배들이 살아갔던
그 자취를 따라 나아가기를
주저하지 않는 법입니다.
하나님과의 영원한 분리로 인해
영적 죽음에 처한
무지무각한 사람들을
살려내는 일의 중대함을 알고,
성령님의 역사로 인해
예수님을 알게 되고
예수님이 나의 주인임이 믿어짐으로
하나님과의 영원한 연합을 이루고서도

오늘도 깊은 잠에 빠져 있는
어처구니없는 사람들을
깨우는 일의 중대함도 알아,
무엇을 어찌 하든지
영혼 구원을 위한
사명자로 살아감이
기쁨과 감사의 제목으로
변화되기 마련입니다.
하여,
이미 경험해 왔던
성령님의 역사 앞에
낮은 자로 엎드리게 하소서.
그리고
때마다 일마다
나의 주인 되신 예수님을
깊이 생각하게 하소서.
이로써
나의 마음에 차고 넘치는
하나님의 은혜와 사랑이
나누어지게 하소서.
조금도 남김없이!

믿음으로 말미암아 그리스도께서 너희 마음에 계시게 하시옵고
너희가 사랑 가운데서 뿌리가 박히고 터가 굳어져서

하나님의 마음은
그저 채워지는 것이 아니라,
주인 되신 예수님을
깊이 생각하는 시간이
누적됨으로 인해
더해지는 것입니다.
오늘도
말씀묵상과 기도라고 하는
신앙의 기본품새를
얼마나 정직하고 성실하게
훈련하고 있느냐에 따라
더해지고 덜해지는
특별한 선물인 것입니다.
이처럼 귀하고 아름다운
하나님의 마음에 대해
무관심으로 일관하거나
소홀히 여기고 있다면,
그 어느 때보다도
영적인 갱신이 필요한 시기가

지나치고 있음을
깨달아야 합니다.
때마다 일마다
하나님의 마음으로
안과 밖을 정화시키지 않으면,
결국 또다시
그토록 무능하고 부패한
나의 마음과 나의 소리가
차고 넘치기 마련이고,
결국 또다시
깊은 잠에 빠져들기
마련입니다.
하여,
오늘도
예수님을 깊이 생각하게 하소서.
예수님의 교훈과 명령이
안과 밖으로부터 울릴 때,
기쁘게 즉시로 온전하게
순종하게 하소서.

마침내
하나님의 마음 그대로

살아가게 하소서.
변함없이!

능히 모든 성도와 함께
지식에 넘치는 그리스도의 사랑을 알고

믿음의 주요
또 온전하게 하시는 예수님을
깊이 생각할수록,
더불어
온유하고 겸손한 예수님께로
가까이 다가갈수록
반드시
넉넉한 쉼을 얻게 된다고
약속했습니다.
이와 같은 사실을
일상을 통해
실제로 경험하며 누리고 있는
깨어 있는 그리스도인은
이미 받은 은혜와 사랑을
지금도 생생하게

기억하고 있을 뿐만 아니라,
환경의 불미함과
사람들의 변덕스러움 중에라도
자족하고 인내하며,
맡겨진 사명을
끝까지 정직하고 성실하게
감당하려 합니다.
하여,
이즈음에
다른 어떤 일이나
그 어떤 사람보다도
예수님을 생각함이
깊어지게 하소서.
다른 어떤 일이나
그 어떤 사람이라도

결코 채울 수 없는

영적인 부족분을

예수님의 온유하고

겸손한 마음으로

채우게 하소서.

이로써

더욱 충만한

그리스도인이 되게 하시고,

더욱 넉넉한

그리스도인이 되게 하소서.

그만큼 깨어 있는

그리스도인으로 살아가게 하소서.

변함없이!

| 19 |

그 너비와 길이와 높이와 깊이가 어떠함을 깨달아
하나님의 모든 충만하신 것으로 너희에게 충만하게 하시기를 구하노라

어제의 실패와 실수를

자각하고 인정하는 자가

오늘의 기회와 자원을

어찌 무시할 수 있으며,

내일의 어떠함을

알고 보는 자가

오늘의 만남과 생명을

어찌 홀대할 수 있겠습니까!

하여,

오늘도 인내하며

맡겨진 사명을

묵묵히 감당하고 있음은

나의 주인 되신 예수님의 마음을

절절히 헤아리고 있기 때문입니다.

이후로도 소망하며

맡겨진 자리를

꿋꿋이 지키고 있음은

반드시 다시 오실 예수님을

간절히 기다리고 있기 때문입니다.

결국 나의 남은 생은

오늘도 어제처럼,
내일도 오늘처럼
예수님을 얼마나 생각하고,
예수님을 얼마나 따라가고,
예수님을 얼마나 닮아가고
있느냐에 따라
달라질 것이 확실합니다.
이즈음에도
예수님이 보여주신
무한겸손과 무한용서의 사랑에
깊이 젖어들게 하소서.

이즈음에도
나의 무능함과 부패함을
무색하게 만들고 있는
예수님의 마음 안으로
깊이 잠기게 하소서.
이즈음에도
깨어 있는 예수님의 증인답게
환경과 사람들 속으로
깊이 나아가게 하소서.
변함없이!

| 20 |
우리 가운데서 역사하시는 능력대로
우리가 구하거나 생각하는 모든 것에 더 넘치도록 능히 하실 이에게

동행하시는 성령님의
능력과 역사를
전적으로 신뢰하고,
때를 따라
보여주시고 들려주시는
생명과 약속의 말씀 앞에

전적으로 순종하고 있는
그리스도인의 삶은
결코
건조할 수 없는 것입니다.
어떤 형편 중에라도
하나님의 마음과 생명이

부어지고 흘러넘치기에
결코
메마를 수도 없는 것입니다.
결국
나의 한계를 뛰어넘는
하나님의 일이
가능해지고,
부족하고 연약한
나의 삶을 통해서도
귀하고 아름다운
성령님의 열매가
맺히는 것입니다.
하여,
언제 어디에서든지
창조주 하나님 앞에서

겸손한 마음과 태도를
잃지 말아야 합니다.
지금도 섭리하시는
하나님과 함께
호흡하고 있음을
잊지 말아야 합니다.
마침내 심판하실
하나님 앞에 서게 될 그날을
소망해야 합니다.
이와 함께
오늘의 안과 밖이
변화되게 하소서.
맑고 밝은 그리스도인으로
살아가게 하소서.
변함없이!

| 21 |

교회 안에서와 그리스도 예수 안에서
영광이 대대로 영원무궁하기를 원하노라 아멘

마침내
부활하신 예수님을

나의 주인으로 모셔 들인
그리스도인이 되었기에

마땅히
구하고 선택해야 할 산지(山地)를
날마다 바라보아야 합니다.
더불어
약속의 땅 가운데
우뚝 서 있는 그 산지를 향해
수고와 땀을 흘리며
반드시 정진(正進)해야 합니다.
이와 같은 이유를
여전히 깊이 있게
헤아리고 있다면,
그만큼
혹은 그 이상으로
새사람의 신앙인격을
바르게 세우기 위해
오늘도 그말씀에
기꺼이 순종하려하고,
그만큼
혹은 그 이상으로
옛사람의 악성과 악습은
속수무책으로 허물어지며,

그만큼
혹은 그 이상으로
가정과 일터는
하나님의 마음으로 채워지고,
그만큼
혹은 그 이상으로
예수님의 몸 된 영적 관계성은
더욱 진지해질 것은
분명합니다.
하여,
이후로도
평지(平地)에서 안주하고야 마는
악하고 게으른
그리스도인이 아니라,
마땅히 정복하고 다스려야 할
그 산지를 열망하며 취하고야 마는
착하고 충성된
그리스도인으로 살아가게 하소서.
나의 주인을 따라감으로!
끝까지!

제4부

이는 성도를
온전하게 하여

To equip the saints for
the work of ministry

(에베소서 4장)

| 01 |

그러므로 주 안에서 갇힌 내가 너희를 권하노니
너희가 부르심을 받은 일에 합당하게 행하여

먼저는
예수님을
나의 주인으로 믿기 때문에
마땅히 감당해야 할
오늘의 사명을
분명하게 인식해야 합니다.
더불어
그 사명을 위해
마땅히 수고해야 할
오늘의 선택을
진지하게 더해가야 합니다.
이처럼
믿음의 선택은
맡겨진 사명을
반드시 이루게 합니다.
다시 말해서,
주인 되신 예수님을
끝까지 따라가게 합니다.
이는

언제든지
어디에서든지
나의 한계를 뛰어넘는
도전이자 실천사항입니다.
하여,
오늘도
살아 계신 하나님 앞에
겸손하게
엎드리지 않을 수 없고,
동행하시는 성령님 앞에
간절하게
매달리지 않을 수 없는 것입니다.
오늘도
하나님의 마음 안으로
깊이 들어가지 않을 수 없고,
그만큼이라도
기꺼이
순종하지 않을 수 없는 것입니다.
마침내 오늘도

기뻐하지 않을 수 없고,
감사하지 않을 수 없는 것입니다.
이후로도

사명자답게 살아가게 하소서.
정직하고 성실한 사명자답게!
끝까지!

| 02 |

모든 겸손과 온유로 하고
오래 참음으로 사랑 가운데서 서로 용납하고

내게 없는
하나님의 성품을
억지로
만들어 낼 수는 없는 것입니다.
세월의 흐름만큼
반드시
하나님과의 친밀함은
더해져야 하고,
보여주시고 들려주시는
교훈과 명령 그대로
오늘도 살아가고 있는
순종이 더해져야 하고,
앞으로 이루어질

하나님의 약속을
생생하게 바라보고
인내하며 기다리고 있는
기도의 분량이
더해져야 하는 것입니다.
이를 통해
새사람의 신앙인격은
놀랍게 성장하고 성숙하며,
이와 동시에
옛사람의 악성과 악습은
힘을 잃고 무너지는 것입니다.
결국
오늘의 결단과 선택이 없이는

신앙의 진미(眞味)와 진향(眞香)을
결코 뿜어낼 수 없다는 사실을
기억해야 합니다.
하여,
하나님의 자녀답게
배워가고 알아가며 살아가기를
멈추지 않게 하소서.
예수님의 제자답게

생각하고 선택하며 나아가기를
멈추지 않게 하소서.
마침내
하나님의 성품이
드러나고 나누어지는
성령 충만한 사람이 되게 하소서.
끝까지!

| 03 |

평안의 매는 줄로
성령이 하나 되게 하신 것을 힘써 지키라

진리 앞에서,
다시 말해서,
나의 주인 되신 예수님 앞에서
영적인 하나 됨을 방해하는
그 어떤 시도나 행위도
단호히 거절할 수 있는
깨어 있는 그리스도인으로
세워져야 합니다.
지극히 주관적이고 개인적인,

심지어는
그토록 이기적인
이유와 선택으로 인해
영적인 하나 됨이 무너지지 않도록
끝까지 책임지고 감내할 수 있는
성숙된 그리스도인으로
세워져야 합니다.
하여,
나의 중심성을

내려놓고 비워내기를
날마다 훈련해야 하겠습니다.
생명과 약속의 말씀이 권고하고
동행하시는 성령님이 지시하실 때면,
지체없이
그것도 기쁘게 즉시로 온전하게
순종하기를
날마다 훈련해야 하겠습니다.
그만큼
신앙양심은
밝아지고 맑아질 것입니다.
그만큼
새사람의 신앙인격은
자라가고 세워질 것입니다.

그만큼
아는 바대로, 믿는 바대로
살아갈 것입니다.
그만큼
예수님의 몸 된 영적 관계성은
하나 됨을 누릴 것입니다.
이처럼
때를 따라 열매 맺는
아름다운 나무가 되게 하소서.
참으로 풍성한 영적인 열매로
하나 됨을 유지하고 안내하는
건강한 나무가 되게 하소서.
끝까지!

| 04 |

몸이 하나요 성령도 한 분이시니
이와 같이 너희가 부르심의 한 소망 안에서 부르심을 받았느니라

하나님의 마음 가운데로
깊이 들어가지 않고서는
서로가 서로에게

'얼마나 필요한 존재인지'를
실감하기가
어려운 법입니다.

서로가
그렇게 다른 존재임에도 불구하고
서로가
'얼마나 동일한 존재인지'를
공감하기 위해서는
반드시 남은 생을 건
오늘의 순종이
반복되어야 하는 것입니다.
그만큼 또다시
예수님의 몸 된 교회를 위해
나의 충만함을
비워내고,
나의 중심성을
내려놓게 되는 것입니다.
그만큼 또다시
성령님의 열매로
채워지고,
영원한 실상(實像)을 향한 소망으로
채워지는 것입니다.
어느새
말씀의 사람으로

함께 살아가고,
겸손의 사람으로
함께 살아가며,
믿음의 사람으로
함께 살아가게 되는 것입니다.
하여,
여전히 부족하고 부실한
나의 기준이 아니라,
변함없이 건재한
말씀의 기준으로
돌아서게 하소서.
여전히 불안정하고 불확실한
나의 마음이 아니라,
변함없이 믿을만한
하나님의 마음으로
들어서게 하소서.
그리고 마침내
참으로 아름답고 풍성한
하나님의 마음을
누리게 하소서.
끝까지!

주도 한 분이시요
믿음도 하나요 침례(세례)도 하나요

하나님의 생명은,

다시 말해서,

영생은,

애초부터 내 안에는

선한 것이 없었다는 사실을

철저하게 깨닫고

더불어

애초부터 하나님과는

철저히 분리된 존재로

살아가고 있었다는 사실을

인정하게 된 사람에게 열려진

하나님의 기회입니다.

나아가

창조주 하나님의 구원계획을,

다시 말해서,

예수님을

남은 생의 주인과 왕으로

인정하고 모셔들임으로써

하나님과의 영원한 연합을

이루게 된 사람에게 건네지는

하나님의 선물입니다.

결론적으로,

영생은

예수님 안에만 있는 것입니다.

영생의 의미와 가치는

예수님을

'얼마나 생각하고',

예수님을

'어떻게 따라가고 있느냐'에 따라

내용을 달리하는 것입니다.

하여,

오늘도 마땅히

예수님을 깊이

생각할 뿐만 아니라,

예수님의 교훈과 명령을

기꺼이 순종하게 하소서.

이미 받은 하나님의 생명으로

이토록 무능하고 부패한

환경과 사람들을
살리고 깨우게 하소서.

영생을 소유한 자답게!
예수님을 믿는 자답게!

| 06 |
하나님도 한 분이시니 곧 만유의 아버지시라
만유 위에 계시고 만유를 통일하시고 만유 가운데 계시도다

하나님 아버지를 향한
절절한 마음을
어떤 형편 중에라도
잃지 않기를
간절히 소원해야 합니다.
더해진 무엇으로
뿌듯해하기보다는
덜어낸 무엇으로
흐뭇해하는
참으로 평화롭고
넉넉한 자가 되기를
간절히 소원해야 합니다.
더 이상 가릴 이유도 없이
있는 그대로 보여주어도

결코 주눅이 들지 않는
진실로 자유롭고
당당한 자가 되기를
간절히 소원해야 합니다.
이처럼
세상의 그 어떤 것과도
비교할 수 없는
하나님의 마음을
날마다
풍성히 받고
깊이 헤아릴 수 있기를
간절히 소원해야 합니다.
하여,
오늘도

나의 현재와 미래를

정확하게 진단하고 안내하는

생명과 약속의 말씀으로

더욱 가까이

다가가지 않을 수가 없는 것입니다.

또다시 보여주시고 들려주시는

그 교훈과 명령 앞에

자원함과 기쁨으로

순종하지 않을 수가 없는 것입니다.

동행하시는 성령님이

때를 따라 반드시

일깨우시고 지도하실 때

정직함과 성실함으로

따라가지 않을 수 없는 것입니다.

마침내

큰 자가 되게 하소서.

겸손한 자가 되게 하소서.

하나님의 마음으로

충만한 자가 되게 하소서.

예수님을 믿는 자답게!

| 07 |

우리 각 사람에게
그리스도의 선물의 분량대로 은혜를 주셨나니

하나님의 은혜와 사랑에 대한

깊은 인식은

오늘과 내일의 삶의 내용을

달리하게 합니다.

내게 주어진 시간과

허락된 만남

그리고 처한 환경을

하나님의 마음으로

재해석하게 하는

영적인 분별력을

더해줍니다.

나아가

변화된 존재에
합당한 삶을 살아가고자
이미 알고 믿는 바대로
선택하며 행하게 합니다.
결국
하나님의 은혜를
소홀히 여기거나
잊어버리면서부터
영적인 책임감은 무너지고,
결코 정직하지도
성실하지도 않는
일상을 반복하다가
마침내
영적인 무감각증(症)에
걸려들고 마는 것입니다.
하여,
언제든지

어디에서든지
겸손한 사람으로 살아가기를
결심해야 합니다.
하나님 앞에서나
사람들 앞에서
그리고 허락된 자원과 환경 앞에서
마땅히 선택하고 행해야 할 바를
취하고 누리는
겸손한 사람으로 살아가기를
훈련해야 합니다.
이처럼
하나님의 은혜를
더욱 소원하게 하소서.
때를 따라 그 은혜를
더욱 절감하고 누리게 하소서.
예수님을 믿는 자답게!

| 08 |
그러므로 이르기를 그가 위로 올라가실 때에
사로잡혔던 자들을 사로잡으시고 사람들에게 선물을 주셨다 하였도다

나의 무능함과 부패함에 대한
바른 인식만큼
하나님의 은혜가
깊어지는 법입니다.
나의 자원과 생명에 대한
정직한 인정만큼
하나님 앞과
사람들 앞에서
그리고 허락된 자원과 환경 앞에서
겸손해지는 법입니다.
이와 같은 인식과 인정이 없이는
유한한 자원과 세상을 넘어선
영원한 생명과 나라에 대한 소망이
끊어질 수밖에 없고,
지금도 나에게 부어지고 있는
하나님의 절절한 은혜를
누릴 수도 없는 법입니다.
하여,
시작부터
예수님을 바르게 알고,
바르게 믿고 따라가야 합니다.

예수님을
하나님으로
그리고 주인으로 알고
믿고 따라가는 중에도
예수님의 교훈과 명령을
깊이깊이 생각하고,
더불어
동행하시는 성령님을
깊이깊이 생각해야 합니다.
이를 통해
나의 영혼은
더욱 맑고 밝게 변화될 것입니다.
살아가는 나의 모습 또한
더욱 맑고 밝게 변화될 것입니다.
그만큼이라도
혹은 그 이상으로
하나님의 은혜를
더욱 절감하게 될 것입니다.
이와 같은 일상을
진하게 누리게 하소서.
예수님을 믿는 자답게!

올라가셨다 하였은즉
땅 아래 낮은 곳으로 내리셨던 것이 아니면 무엇이냐

예수님을
그저
도덕적으로나 정신적으로
바르게 지도하고 안내하는
좋은 선생이 아니라,
지금도 살아 계신
나의 하나님이요
나의 주인이라고
인식하고 고백할 수 있음은
그만큼
성령님이 섭리하셨고
역사하셨다는 증거입니다.
이와 같은 진실을
깊이 헤아릴수록
하나님을 향한 사랑이나
하나님의 말씀에 대한 반응이
더욱 진지해지기 마련이고,
오늘을 살아가는
삶의 내용이나

오늘도 마주한
환경과 사람들을 대하는 방식이
더욱 정직해지기 마련입니다.
결국
예수님을
바르게 알고
믿고 따라가는 그리스도인은
나의 중심성을
날마다 부인하기 마련이고,
나에게 맡겨진 책임감을
날마다 감당하기 마련입니다.
더불어
성령님의 섭리와 역사를
날마다 경험하기 마련입니다.
하여,
어떤 문제,
어떤 환경,
어떤 사람 앞에서도
예수님을

더욱 깊이 생각하게 하소서.
어떤 문제,
어떤 환경,
어떤 사람보다도 더 크신

나의 하나님이요
나의 주인을
더욱 깊이 생각하게 하소서.
예수님을 믿는 자답게!

| 10 |

내리셨던 그가 곧 모든 하늘 위에 오르신 자니
이는 만물을 충만하게 하려 하심이라

지금도 여전히
예수님을 생각하고
예수님의 이름을
소리내어 불러보면,
'마음이 찡하게 울리는지'를
살펴보아야 하겠습니다.
오늘도
예수님이
나의 이모저모를 위한
'가장 신뢰할 만한 분이신지'
더불어
남은 생의 이모저모를 위해서도

의심할 여지없이
'믿고 따라갈 만한 분이신지'를
자문해보아야 하겠습니다.
오늘도
예수님에 대해서
이전보다 훨씬 더
선명하고 넉넉한 해답을 품고
살아가고 있다면,
그만큼 혹은 그 이상으로
하나님의 은혜와 사랑을
깊고 넓게 헤아리고 있음이
틀림없습니다.

결국
그만큼 혹은 그 이상으로
새사람의 신앙인격이
깊고 넓게 세워진 것이고,
영원한 실상(實像)을 향한
확신과 소망 또한
깊고 넓게 세워진 것이
틀림없습니다.
하여,
어찌하든지
문제보다도,
환경보다도,
사람보다도 더 크신 예수님을
깊이 생각하기를

멈추지 말아야 합니다.
오히려
예수님을 깊이 생각하며
일상을 맞이하고 누리기를
즐거워해야 합니다.
이로써
주인 되신 예수님이
앞서 행하시고,
동행하시는 성령님이
함께 도우시며,
살아 계신 하나님이
온전하게 이루시는
생생한 역사를 경험하게 하소서.
이즈음에도!

| 11 |

그가 어떤 사람은 사도로, 어떤 사람은 선지자로,
어떤 사람은 복음 전하는 자로, 어떤 사람은 목사와 교사로 삼으셨으니

신앙의 연수에 따라
하나님의 마음을 깊이 헤아리며

이모저모로 충성스럽게 섬기는
믿음의 사람으로

살아가야 하겠습니다.

그렇게 많이 배운 것으로나

그렇게 많이 가진 것으로도

결국

자신의 이기적인 욕망을 더해가는

어리석고 게으른 종이 아니라,

비록

부족하고 연약한 중에도

문제보다도,

환경보다도,

사람보다도 더 크신

하나님 아버지의 은혜를

진지하게 구하고,

때를 따라 또다시

낮아지고 엎드리는

지혜롭고 신실한 종으로

살아가야 하겠습니다.

마침내

언제부터인가는

하나님의 목적과 계획을

이루어나가고 있는

깨어 있는 사명자로

살아가야 하겠습니다.

하여,

무엇보다도 먼저

내가 '얼마만큼'

그리고

'어디까지 자라왔는지'를

확인해보게 하소서.

더불어

'무엇이 얼마나 부족한지'

그리고

'무엇을 어떻게 채워나가야 하는지'도

살펴보게 하소서.

이를 위해

살아 계신 하나님 앞에서

더욱 겸손하게 엎드리게 하소서.

주인 되신 예수님의 교훈과 명령에

더욱 정직하게 순종하게 하소서.

동행하시는 성령님의 인도하심에

더욱 성실하게 따라가게 하소서.

이즈음에도!

| 12 |
이는 성도를 온전하게 하여
봉사의 일을 하게 하며 그리스도의 몸을 세우려 하심이라

나의 풍성함이
예수님의 몸 된
교회의 건강함으로 이어지고,
영적 관계성의 진지함으로 이어지도록
오늘의 목적과 동기와 이유를
정직하게 세워나가야 하겠습니다.
더불어
내가 알아온 만큼
그리고 믿어온 만큼
실제로 선택하고 실천하는
삶으로 이어지도록
오늘도
주인 되신 예수님 안으로
깊이 들어가야 하겠습니다.
마침내
예수님 안에 있는
하나님의 생명을 누리고,
하나님 아버지의
절절한 마음을 나누어주는

깨어 있는 그리스도인으로
든든히 세워져야 하겠습니다.
하여,
숱한 장애와 장벽 앞에서도
마땅히 생각할 바를 생각하고,
마땅히 말할 바를 말하며,
마땅히 행할 바를 행하기를
멈추지 않게 하소서.
환경의 불미함과
자원의 부족함 중에도
오히려 기뻐하고,
오히려 감사하며,
오히려 찬양하기를
선택하게 하소서.
이를 통해
반드시
성령님의 역사가
드러나게 하소서.
하나님의 뜻이

이루어지게 하소서.
예수님의 몸 된 교회가
구별되게 하소서.

참으로 맑고 밝게!
이즈음에도!

| 13 |

우리가 다 하나님의 아들을 믿는 것과 아는 일에 하나가 되어
온전한 사람을 이루어 그리스도의 장성한 분량이 충만한 데까지 이르리니

세월을 이만큼 지나왔으면
이미 아는 바대로,
이미 믿는 바대로
행하며 살아가고 있어야
마땅합니다.
그럼에도 불구하고
내면과 삶이
엇박자로 일관되고 있다면,
더 늦기 전에
신앙의 바른 자세로
또다시 돌아가야
마땅합니다.
그리스도인의

존귀함과
예수님의 몸 된 교회의
영광스러움을
충분히 이해하고도
너무나 어처구니없는
일상을 살아가지 않도록
철저하게 엎드리고,
철저하게 일어서야
마땅합니다.
또다시 들려주시고,
또다시 보여주시는
그 교훈과 명령에
정직하게 순종하고,

성실하게 순종해야
마땅합니다.
이로써
하나님의 아버지 되심과
예수님의 주인 되심과
성령님의 역사하심이
증거되고 증명되어야
마땅합니다.
하여,

무엇보다도 먼저
깨어 있는 그리스도인이 되게 하소서.
어떤 형편에서든지
예수님을 깊이 생각하게 하소서.
그리고 반드시
아는 바대로, 믿는 바대로
행하며 살아가게 하소서.
이즈음에도!

| 14 |

이는 우리가 이제부터 어린 아이가 되지 아니하여
사람의 속임수와 간사한 유혹에 빠져
온갖 교훈의 풍조에 밀려 요동하지 않게 하려 함이라

더 이상
누구에 의해서
혹은 무엇에 의해서
피동(被動)되지 않는
믿음의 삶을 살아가기를
진지하게 소원하고
다짐해야 하겠습니다.

이를 위해,
나보다도 나를
더 지지하시고 책임지시는
성령님의 도우심과 인도하심을
깊이 의지하며
따라가야 하겠습니다.
더불어

오늘과 내일의 변화를
구체적으로
보여주시고 들려주시는
그말씀 앞에
남은 생을 걸고
순종하기를
자원해야 하겠습니다.
이를 통해
마침내
약속의 말씀이
나의 일상을
견인(牽引)하고 있음이
드러날 것입니다.
또한,

살아 계신 하나님이
세밀하게
섭리하고 계심이
드러날 것입니다.
하여,
때마다 일마다
성장하고 성숙하게 하소서.
때마다 일마다
예수님을 깊이 생각하게 하소서.
때마다 일마다
겸손하고 정직하게 하소서.
때마다 일마다
믿음의 삶을 살아가게 하소서.
이즈음에도!

| 15 |

오직 사랑 안에서 참된 것을 하여 범사에 그에게까지 자랄지라
그는 머리니 곧 그리스도라

예수님을 따르는 삶이야말로
남은 생을 위한
최고 수준의 삶이라는 사실을

절실히 인정하고 소원해야 합니다.
무익하고 해로운 이모저모를
또다시 더해가려 하는

어리석은 삶으로는
결단코
자기 중심성으로부터
벗어날 수가 없는 것입니다.
더구나
오늘의 십자가에 대한 내용과 이유를
충분히 듣고 안다고 해도
그 십자가를
조금이라도 짊어지지 않으려고 하는
게으른 삶으로는
결단코
옛사람의 악성과 악습으로부터
자유로워질 수 없는 것입니다.
하여,
이즈음에도
하나님의 말씀이
구체적으로 안내할 때,
순전함과 온전함으로 순종하기를
선택해야 합니다.

예수님의 몸 된 교회가
교회다움을 세우며 나아가려고 할 때,
자원함과 기쁨으로 동참하기를
선택해야 합니다.
그리고
주인 되신 예수님을
오늘도 신실하게 따라가려 하는
목자의 권면과 위로를
겸손함과 정직함으로 받아들이기를
선택해야 합니다.
이와 같은 수고와 땀으로
나의 신앙인격을
건강하게 세우는
참 실력자가 되게 하소서.
때가 이르매 반드시
또 다른 누군가를
안내하고 세우는
모델 신자로 살아가게 하소서.
후회 없이!

그에게서 온 몸이 각 마디를 통하여 도움을 받음으로 연결되고 결합되어
각 지체의 분량대로 역사하여 그 몸을 자라게 하며
사랑 안에서 스스로 세우느니라

하나님 아버지의 은혜와
성령님의 역사로 인해
부활하신 예수님이
남은 생의 주인과 왕으로
확실히 믿어진 상태로 보아
하나님의 생명을
소유한 것이
사실이고,
이와 동시에
하나님의 자녀라고 하는
존재의 변화를 이룬 것이
사실이라면,
이후로
하나님의 생명으로
성장하고 성숙하며,
때가 되어
생명의 열매를
맺어야 하는 것 또한

마땅한 사실입니다.
나의 신앙이
이와 같은 사실에
뿌리를 내리고 있다면,
시간의 흐름에 따라
반드시
새사람의 신앙인격이
약속의 말씀대로
그리고 성령님의 인도하심대로
건강하게 세워지고,
그만큼 혹은 그 이상으로
예수님의 몸 된 교회가
건강하게 세워지는 것 또한
당연한 사실입니다.
하여,
지금 나의 신앙이
'무엇 위에 서 있는지'
더불어

'무엇을 향하고 있는지'를
진지하고 정직하게
살펴보아야 하겠습니다.
아닌 것이 분명하고
흐린 것이 분명하다면,
지체없이 내려놓고 비워내기를
실천해야 하겠습니다.

이를 통해
또다시 돌이키고 나아가게 하소서.
또다시 일어서고 달려가게 하소서.
마침내
예수님 안에서 깊이 누리고 있는
그리스도인의 삶을 살아가게 하소서.
후회 없이!

| 17 |

그러므로 내가 이것을 말하며 주 안에서 증언하노니
이제부터 너희는 이방인이 그 마음의 허망한 것으로 행함 같이 행하지 말라

왜 다른 선택을
해야 하고,
왜 다른 삶을
살아가야 하는지에 대한
분명한 이유를
품고 있어야 합니다.
다시 말해서,
왜 변화된 사람이
되어야 하는지에 대한
확실한 답을

기억하고 있어야 합니다.
예수님을 주인으로
인정하고 따라가는
오늘의 선택이 있기에,
때가 되어
하나님의 약속을
경험하고 누리는 것입니다.
새사람의 신앙인격자로
세워지기를
진지하게 소원하면서

때마다 일마다
말씀 앞에서
순전하게 반응하고 있기에,
때가 되어
하나님의 자원을
경험하고 누리는 것입니다.
하여,
무엇보다도 먼저
나 자신을 위해서
옛사람의 악성과 악습을
단호하게 거절하게 하소서.
오히려
하나님의 말씀과

말씀 속에 깊게 배인
하나님의 마음을 향해
힘 있게 나아가게 하소서.
그리고
어떤 형편 중에라도
주인 되신 예수님을
깊이 생각하게 하소서.
더불어
그만큼 세워진
나의 안과 밖으로 인해
크게 기뻐하고 감사하게 하소서.
후회 없이!

| 18 |
그들의 총명이 어두워지고
그들 가운데 있는 무지함과 그들의 마음이 굳어짐으로 말미암아
하나님의 생명에서 떠나 있도다

하나님의 은혜와 사랑으로
시작된 구원이
서서히

허물어지거나
변질되지 않도록
날마다

삶의 동기와 이유를
정직하게
확인해 보아야 합니다.
영적 분별력과 영적 책임감이
어느 순간부터
느슨해지거나
망실되지 않도록
날마다
이미 아는 바대로,
이미 믿는 바대로
실천하고 있는지도
정직하게
살펴보아야 합니다.
결국,
살아 계신 하나님 앞에서
그리고 주인 되신 예수님과
동행하시는 성령님 앞에서
변함없이
겸손하고,
단순하고,
투명한 삶을

살아가지 않고서는
그 어떤 업적이나 성과라도
하나님과는 전혀 무관한
나의 일이자
세상의 일로
귀결(歸結)된다는 진실을
절대로
무시해서는 안 되는 것입니다.
하여,
첫마음을
잊지 않고 잃지 않게 하소서.
그 마음이
더욱 깊어지고 넓어지게 하소서.
마침내
하나님께서 참으로 기뻐하시고,
사람들이 보기에도 참으로 믿음직한
깨어 있는 그리스도인으로
살아가게 하소서.
세월의 흐름따라!
후회 없이!

그들이 감각 없는 자가 되어
자신을 방탕에 방임하여 모든 더러운 것을 욕심으로 행하되

새사람으로
거듭났음에도 불구하고
옛사람의
악성과 악습에 매여
육체와 마음이 원하는 대로
처신하려고 하는
어리석음을
정직하게
직면해야 합니다.
새사람의
신앙인격자가 되기 위해
마음과 뜻과 정성을 다해
오늘의 나를
성실하게
일깨우고 훈련하지 않으면,
이미 받은 은혜와
이후로 받을 은혜라도
결국에는
나를 변화시킬 수 없는

값싼 은혜로
왜곡될 수밖에 없음을
진지하게
경계해야 합니다.
이처럼
예수님으로 인한
구원이 확실하다면,
하나님의 은혜와 함께
반드시
나의 수고와 땀을
쏟아 부어야 마땅합니다.
진심으로
예수님을 사랑하고
따라가는 일상으로
채워져야 마땅합니다.
매순간 깨어 있는
예수님의 제자로
살아가야 마땅합니다.
하여,

오늘도
성장하고 성숙하게 하소서.
새사람의 신앙인격으로
무장되게 하소서.

더불어
옛사람의 악성과 악습을
정복하고 다스리게 하소서.
후회 없이!

| 20 |
오직 너희는
그리스도를 그같이 배우지 아니하였느니라

지금도 여전히,
다시 말해서,
가난할 때뿐 아니라
오히려 부유할 때에라도,
예수님을
깊이 의지하는 가운데
흔들림없이
평강을 누리고
영생의 진미(眞味)를
더욱 깊이
맛보고 있다면,
참으로 복된 나로

변화되고 있다고 해도
전혀 틀림이 없습니다.
그 무엇이나
그 누구라도
만들어 낼 수 없는
영적인 넉넉함과 자유로움을
오늘도 깊이
실감하고 누리고 있다면,
환경과 사람들에 의해
쉽사리 피동(被動)되지 않을
참으로 든든한 나로
세워지고 있다고 해도

전혀 무리가 아닙니다.

결국

남은 생의

가장 중요한 핵심은

예수님입니다.

또다시

예수님을

'나의 주인이요 왕으로

인정하고 고백하며

따라가고 있는가' 하는 것입니다.

오늘도

예수님의 교훈과 명령 앞에

'전인격을 다해

순종하고 있는가' 하는 것입니다.

하여,

순전함으로 시작된

그 마음이

시간이 흘러도

변질되지 않도록

때마다 일마다

겸손하고 정직하게 하소서.

어느새

주인 되신 예수님이

나의 일상을 통해서도

기쁘고 힘 있게 살아가시는

그 모습이

선명하게 드러나게 하소서.

더욱더욱!

| 21 |
진리가 예수 안에 있는 것 같이
너희가 참으로 그에게서 듣고 또한 그 안에서 가르침을 받았을진대

바른 신앙은

언제 어디서든지

예수님을

깊이

생각하게 하고,

예수님의 교훈과 명령을

온전하게

행하게 합니다.

바른 신앙으로

살아갈수록

이제까지 추구해 온

갖가지 지식과 경험과 배경이

지극히 제한적임을

철저히

인정하게 되고,

때가 되면서부터

오늘을 살아가고 있음에

더해진 모든 것이

하나님의 주권과

섭리 가운데 있음을

진지하게

고백하게 되며,

앞으로 더해질

하나님의 은혜와 마음을

간절히

구하게 됩니다.

하여,

무엇보다도 먼저

주인 되신 예수님 앞에서

참으로

겸손한 자로 살아가게 하소서.

더불어

예수님의 자취를 따라

참으로

낮은 자로 살아가게 하소서.

때가 되어

반드시

나의 신앙이

삶으로 드러나게 하소서.

더욱더욱!

| 22 |

너희는 유혹의 욕심을 따라 썩어져 가는 구습을 따르는
옛 사람을 벗어 버리고,

예수님을
주인으로 믿고
예수 공동체 안으로
들어감으로
영적 죽음의 자리에서
영적 생명의 자리로
옮겨왔지만,
다시 말해서,
나를
하나님으로 여겨왔던
옛사람에서
예수님을
하나님으로 믿는
새사람으로
다시 태어났지만,
생명과 약속의 말씀으로
성장하고 성숙하지 않고서는
변화된 새사람답게
결단코 살아갈 수 없음을

철저하게 인식해야 합니다.
또한,
오늘도
옛사람의 악성과 악습을
부인하지 않고서는
맡겨진 십자가를
자원함으로
짊어질 수도 없고,
예수님의 교훈과 명령에
믿음으로
순종할 수도 없음을
정직하게 인정해야 합니다.
하여,
어느새
흐려지고 탁해진 안목(眼目)이
또다시
맑아지고 밝아지게 하소서.
어느새
높아지고 단단해진 마음이

하여, 그말씀 그대로 2

또다시
낮아지고 부드러워지게 하소서.

그말씀으로 인해!
더욱더욱!

| 23 |

오직 너희의 심령이 새롭게 되어

무엇보다도 먼저
마음으로부터의 변화를
이루어야 합니다.
오늘도
자기 중심성의 결론을 절감하고
옛사람의 악성과 악습을 부인해야만
새사람의 신앙인격이
살아나는 법입니다.
더불어
나의 마음 가운데
생명과 약속의 말씀이
깊고 넓게 뿌리를 내려야만
새사람의 신앙인격이
세워지는 법입니다.
결국

그말씀을 소홀히 여기거나
그말씀을 안다고 해도
'그말씀 그대로' 살아내기를
부단히 훈련하지 않으면,
여전히
육체의 정욕과
안목의 정욕과
이생의 자랑을 따라
살아가게 됨을
깨달아야 합니다.
그리고
결코 만족할 수도 없고
반드시 사라지고 마는
허상(虛像)을 쫓게 됨도
깨달아야 합니다.

하여,
지금 나의 마음이
'어떤 형편인지'를
진지하게 살펴보게 하소서.
무엇 때문에
또는 무슨 이유로
나를 살리고 세우는
'그말씀을 외면하고 있는지'
혹은

'순종을 유보하고 있는지'에 대해
정직하게 대답하게 하소서.
또다시
그말씀 아닌 다른 무엇으로
마음의 중심이 채워지고 있다면,
지체없이 비워내고 내려놓게 하소서.
예수님을 주인삼는 새사람답게!
더욱더욱!

| 24 |

하나님을 따라
의와 진리의 거룩함으로 지으심을 받은 새 사람을 입으라

새사람으로 다시 태어난
그리스도인에게는
이전에는
도무지 경험할 수 없었던
주인 되신 예수님의
교훈과 명령이
매순간 강하게

울리고 있음을
실감해야 합니다.
어떤 방해와
어떤 유혹 앞에서도
참으로 믿음직한 새사람으로
반듯하게 세워지도록
끊임없이

일깨우시고 지도하시는
성령님의 역사 또한
매순간 강하게
임하고 있음을
실감해야 합니다.
또다시
기억해야 할 것은,
새사람다운 삶의 변화는
그토록 무능하고 부패한
옛사람의 방식으로는
결단코 드러나지 않고,
오로지
주인 되신 예수님이
나를 통해 살아가실 때,
다시 말해서,
때마다 일마다

그토록 무의미한 방식을
주인 되신 예수님 앞에
정직하게 내려놓을 때
반드시 이루어진다고 하는
변함없는 원리입니다.
하여,
옛사람의 악성과 악습을
날마다 부인하게 하소서.
이즈음에 맡겨진 책임을
성실하게 감당하게 하소서.
어느새
주인 되신 예수님을
따라가고 있음이
선명하게 드러나게 하소서.
변화된 새사람답게!
더욱더욱!

| 25 |

그런즉 거짓을 버리고 각각 그 이웃과 더불어 참된 것을 말하라
이는 우리가 서로 지체가 됨이라

예수님에 대해서
지식적으로 알아가는
수준이 아니라,
지금도 여전히
살아 계시고 섭리하시는 예수님을
실제로 경험하고 누리는
수준의 삶이 되도록
날마다 겸손해야 합니다.
나의 급급한
필요를 채우고
내 속에 감추어진
야망을 이루기 위한
획기적인 수단으로
예수님을 만나는
수준이 아니라,
참 주인이시고
참 목자이신 예수님을
'그말씀 그대로'
그리고 성령님의 일깨우심 그대로
믿고 의지하며 따라가는
수준의 삶이 되도록
매순간 정직해야 합니다.

이와 같은 겸손함과 정직함은
부패하고 어두운
환경과 사람들 앞에서도
담대하게 할 뿐만 아니라,
오히려
불미하고 불량한
환경과 사람들을
맑고 밝게 하는 법입니다.
하여,
먼저는
머리 되신 예수님 앞에서,
더불어 반드시
예수님의 몸 된 교회 앞에서도
투명하게 하소서.
어느새
어긋나고 왜곡된
안과 밖의 이모저모를
제자리로 돌려놓게 하소서.
또다시 엎드리고,
또다시 일어서며,
또다시 순종하게 하소서.
그 수준에 합당하게!

분을 내어도 죄를 짓지 말며
해가 지도록 분을 품지 말고

옛사람의
악성과 악습으로부터
피해가기보다는
새사람의
신앙인격을
기억하고 바라보며
삶으로 체득(體得)하기까지
오늘도 훈련하기를
선택하는 삶이야말로
마침내 진정한 자유를
경험하고 누리게 한다는 사실을
의미 있게 받아들여야 합니다.
나의 변화를 위해
또다시
내가 무엇을
어떻게 하려고 하는
소극적이고 어리석은 대응보다는
오히려
예수 공동체 안에서

깊이 머물고,
때마다 일마다
말씀하시고 지도하시는
그 교훈과 명령대로
기쁨과 감사함으로
따라가고자 하는
적극적이고 지혜로운 대응으로
새사람의 신앙인격을
세워나가야 한다는 요청도
진지하게 받아들여야 합니다.
하여,
내 안에 계신 예수님께서
비록 부족하고 연약한
나를 통해서도
그리고
여전히 무능하고 부패한
나를 통해서도
기쁘게 행하시는
그런 통로가 되고,

그런 삶이 되도록
예수님을 깊이 사랑하게 하소서.

예수님을 깊이 알아가게 하소서.
내일도 오늘처럼!

| 27 |

마귀에게 틈을 주지 말라

영적 전쟁터는
내 몸 밖에 있는 것이 아니라,
내 마음 안에 있습니다.
옛사람과 새사람이
치열하게 싸우고 있는 영역은
지금도 생각하고,
지금도 느끼고,
지금도 결단하고 있는
내 마음 안입니다.
하여,
지휘관 되시는 예수님을
깊이 사랑하고 알아가는 삶을
어떤 이유 앞에서도
결단코 멈추지 않고,
한순간도 떠나지 않으시는

성령님의 지도하심과 인도하심을
어떤 형편 중에서도
절대로 외면하지 않고,
이미 보았고,
이미 들었고,
이미 깨달았던
교훈과 명령 그대로
기쁘게 즉시로 온전하게
순종하며 살아가는 선택이야말로
내 마음 안의 전쟁으로부터
완전히 승리할 수 있는
최고의 전술임을
언제 어디에서나
기억하고 실천해야 합니다.
이를 통해 반드시

새사람의 신앙인격자로
든든하게 세워지고
신실하게 살아갈 것입니다.
이와 동시에 반드시
옛사람의 악성과 악습이
마비되고 파괴되며
뿌리채 뽑혀 나갈 것입니다.

이와 같은 증거가
분명하게 드러나게 하소서.
이와 같은 사실이
선명하게 증명되게 하소서.
오늘도 변화된
나의 삶을 통해!

| 28 |

도둑질하는 자는 다시 도둑질하지 말고
돌이켜 가난한 자에게 구제할 수 있도록
자기 손으로 수고하여 선한 일을 하라

하나님의 은혜로 시작된
구원은
시간이 지날수록
그 의미와 내용이
더욱 명확해지고,
그만큼
일상을 통해서도
선명하게 드러나기 마련입니다.

또한,
이미 받은 구원 위에 더해지는
하나님의 말씀은
시간이 지날수록
그 의미와 역할이
더욱 중요해지고,
그만큼
일상을 통해서도

확실하게 적용되기 마련입니다.

하여,

아는 자리에만

그리고

믿는 자리에만 머물다

지금도 마땅히

경험하고 누려야 할

그 놀라운 은혜를

놓쳐버리고 마는

어리석은 삶이 아니라,

아는 바대로, 믿는 바대로

선택하며 행함으로 인해

지금도 여전히

그 놀라운 은혜를

누릴 수밖에 없는

지혜로운 삶을

살아가야 하겠습니다.

이를 위해

생명과 약속의 말씀 안에서

부지런히 머물며

깊이 잠기게 하소서.

주인 되신 예수님의 교훈과 명령을

깊이 생각하며

온전히 따라가게 하소서.

또다시 부어지는

그 놀라운 은혜로

오늘의 구원을

충만하게 이루고,

아낌없이 나누게 하소서.

오늘도 변화된

새사람답게!

무릇 더러운 말은 너희 입 밖에도 내지 말고
오직 덕을 세우는 데 소용되는 대로 선한 말을 하여
듣는 자들에게 은혜를 끼치게 하라

예수님의 십자가와
부활의 사실 앞에서
예수님을
나의 하나님이요
나의 주인으로
믿지 않았던 죄를
정확하게 인식하고
철저하게 돌이킴으로써
창조주 하나님과 연합하게 된
거듭난 새사람은,
성경의 말씀과
성경의 저자되시는
성령님의 인도하심을 따라
순종하며 살아갈 때,
반드시
성장하고 성숙한다는 사실을
날마다 기억해야 합니다.
세월이 이만큼

지나고 있음에도 불구하고,
여전히
보이는 것들에만 메어있어
오늘도
보이지 않는
영원한 실상(實像)을,
다시 말해서,
자연 질서를 만든 영적 질서를
인식하거나 이해하지도 못하는
초보적인 수준의 믿음에
안주하지 않도록
때를 따라 마땅히
바르게 배우고,
바르게 깨닫고,
바르게 훈련하기를
결코
멈추지 말아야 한다는 권고도
진지하게 받아들여야 합니다.

하여,
하나님의 마음과 성품을
숨김없이 드러내는
맑고 밝은 새사람이 되게 하소서.
나아가
변화된 안과 밖의 이모저모로

여전히 무지하고 무각한
환경과 사람들을
맑게 하고 밝게 하는
새사람으로 살아가게 하소서.
오늘도 내일도!

| 30 |

하나님의 성령을 근심하게 하지 말라
그 안에서 너희가 구원의 날까지 인치심을 받았느니라

무엇을 내려놓고,
무엇을 비워내야 하는지를
또다시 깨달아야 합니다.
무엇을 더해야 하고,
무엇을 채워야 하는지도
또다시 깨달아야 합니다.
변함없는
하나님의 은혜와 사랑을
그리고 생명과 약속의 말씀을
심히 왜곡시키고 변질되게 하는
그 어떤 동기와 이유로는

창조주 하나님이 원하시는
새사람의 신앙인격을
제대로 세울 수가 없다는 사실을
깊이 깨달아야 합니다.
결국 오늘도
주인 되시는 예수님을
따라가지 않으면,
다시 말해서,
참 포도나무 되시는 예수님께
단단히 붙어 있는
가지가 되지 않으면

영적 생명력과 분별력이
반드시 흐려지거나
사라질 수밖에 없다는 진실도
깊이 깨달아야 합니다.
하여,
때마다 일마다
보여주시고 들려주시는
그 교훈과 명령을 실천하는
그런 일상을 살아가게 하소서.
오늘도

나의 존재 목적이
예수님의 존재 목적과 일치 됨으로
나를 통해 예수님이 살아가시는
그런 일상을 살아가게 하소서.
마침내
하나님의 소원과 역사가
선명하게 드러나는
그런 일상을 살아가게 하소서.
또다시!

| 31 |

너희는 모든 악독과 노함과 분냄과 떠드는 것과 비방하는 것을
모든 악의와 함께 버리고

구원의 대상은
모든 사람이고,
하나님의 은혜 또한
모든 사람에게 부어지지만,
실제로 구원받고
그 은혜를 기억하고 누리는 사람들은
다수가 아닌 소수였다는 사실을

새겨들어야 합니다.
'날마다 구원을 이루어야 한다'는
의미가 무엇인지
그리고
'왜 지금도
하나님의 은혜가
절실히 필요한지'에 대해

나의 소리가 아닌

성경과 성령님의 지도와 안내로

분명하게 대답할 수 있어야 합니다.

때로는

단호하게 거절해야 하고,

때로는

담대하게 받아들여야 합니다.

때로는

미련없이 멈추어야 하고,

때로는

지체없이 나아가야 합니다.

어찌하든지

구원과 은혜의 풍성함이

나의 일상을 통해서도

누려지고 나누어져야 합니다.

하여,

오늘도

주인 되신 예수님을

깊이 생각하고,

주인 되신 예수님의 마음을

깊이 헤아리게 하소서.

더불어 반드시

주인 되신 예수님의 교훈과 명령을 따라

온전하게 순종하며 살아가게 하소서.

오늘도

하나님의 은혜로

구원을 이루어가면서!

오늘도

새사람의 신앙인격을 더해가면서!

| 32 |

서로 친절하게 하며 불쌍히 여기며 서로 용서하기를
하나님이 그리스도 안에서 너희를 용서하심과 같이 하라

부활하신 예수님을

나의 주인이요

나의 왕으로

인정하고 고백한 이후에

지금도 여전히
내 마음 안에서
변화가 일어나고 있음이
사실이라면,
살아가는 모습 또한
최소한 그만큼이라도
변화된 증거를
드러내기 마련입니다.
어느덧
나의 생각과 감정에
휘둘리기보다는
혹은 환경과 사람들의
이모저모로 인해
피동(被動)되기 보다는
날마다
나를 살리고 세우는
그말씀을 따라 살아감이
최선이요 기쁨임을
경험하고 누리기 마련입니다.
더구나

어떤 형편 중에서도
예수님을 생각하고
의지하며 따라갈 수 있음이
감사의 제목이요
자랑거리가 되기 마련입니다.
하여,
'새사람의 신앙인격이 무엇이고,
무엇으로 어떻게
세워나가야 하는지'를
바르게 알고,
부단히 훈련하며,
마침내 체득(體得)해가는
깨어 있는 그리스도인이 되게 하소서.
변화된 새사람답게
오늘도
겸손하고 신실하게
그리고 담대하게 살아가게 하소서.
변화된 새사람답게!
오늘도!

제5부

이제는
주 안에서 빛이라

Now you are
light in the Lord

(에베소서 5장)

그러므로 사랑을 받는 자녀 같이
너희는 하나님을 본받는 자가 되고

어느새
일상을 통해서도
하나님의 자녀다움이
전혀 어색함없이 드러나고,
누가 보아도
예수님을 따라가고 있음이
분명하게 보여지는
이처럼 변화된
새사람의 신앙인격으로
살아가고 있어야 합니다.
그간 알아왔고 믿어왔던
생명과 약속의 말씀으로도
나의 안과 밖을
변화시키기에는
충분함에도 불구하고,
여전히
배우는 자리에만
머물려고 한다면
이는 아직도

미숙한 자로
살아가고 있다는 사실을
깨달아야 합니다.
한편,
살아 계신 하나님께
남은 생을 온전히 맡기고
예수님을 깊이 생각하며
순종하기를 멈추지 않는 한,
오늘과 내일의 삶은
혁명적으로 혹은 점진적으로
변화될 수밖에 없다는 사실도
인정해야 합니다.
하여,
시간이 더 지난 후에라도
여전히 겸손한 자로 살아가게 하소서.
때마다 일마다
내려놓고 비워내기를 자원하게 하소서.
그리고 반드시
하나님의 마음과 성품을 드러내는

그리스도인으로 살아가게 하소서.　　　하나님의 자녀답게!

그리스도께서 너희를 사랑하신 것 같이
너희도 사랑 가운데서 행하라
그는 우리를 위하여 자신을 버리사
향기로운 제물과 희생제물로 하나님께 드리셨느니라

아직도 여전히
내가 중심에 서 있는
사랑이 아니라,
하나님이 중심이 되고,
예수님이 중심이 되며,
성령님이 중심이 되는
그런 사랑을
실천해야 합니다.
나의 이기적인 욕망과 야망을
은밀하게라도 채우고자 하는
얄팍한 수준의 사랑이 아니라,
예수님처럼
그리고 깨어 있는 믿음의 선배들처럼

그렇게 희생하고 섬기며 나누어도
오히려 더욱
기뻐하고 감사하게 되는
그런 사랑을
경험하고 누려야 합니다.
결국
생명과 약속의 말씀에
순종하는 만큼
사랑의 깊이와 넓이는
더해지고,
더해진 사랑만큼
그말씀대로
살아가게 되는 것입니다.

하여,
이제까지
내가 '어떻게 변화되었는지'를
일상을 통해서
분명히 증언해야 합니다.
지금도 '어떻게 변화되고 있는지'도
일상을 통해서
생생히 증언해야 합니다.
이처럼

나의 변화를 가능하게 했던
그 절절하고 생생한 사랑이
일상을 통해서
숨김없이 드러나야 합니다.
이와 같은 예수님의 사랑 안에
넉넉히 거함으로 인해
환경과 사람들을 살리고 깨우는
살아 있는 증인이 되게 하소서.
이후로도 더욱!

| 03 |

음행과 온갖 더러운 것과 탐욕은
너희 중에서 그 이름조차도 부르지 말라
이는 성도에게 마땅한 바니라

오늘 나의 말과 행동은
곧 나의 영과 혼의
실상(實像)이자 증거입니다.
하여,
먼저는
생명과 약속의 말씀으로
단단히 묶이고,

마침내
그 말씀을
체득(體得)하는 만큼
새사람의 신앙인격은
건강하게 세워진다는 사실을
결코 간과해서는 안 됩니다.
결국

가장 완벽하고 구체적인
설계도에 따라
때마다 온전히
조정하고 수정할수록
남은 생의 변화는
더욱 선명하게
드러난다는 사실도
결코 잊어서는 안 됩니다.
이즈음에도
그간 '얼마나'
그리고 '어떻게'
변화되어 왔는지를 점검해보고,
또다시
아름답고 넉넉하게

변화되기를
간절히 사모하게 하소서.
언제라도
어디에서라도
더욱 맑고 밝은
그리고 더욱 겸손하고 정직한
그리스도인으로 살아가게 하소서.
이후로도
그말씀 안에 거하고,
그말씀 위에 서고,
그말씀을 따라 살아가는
믿음의 증거들이 드러나게 하소서.
변화된 말과 행동으로!

| 04 |
누추함과 어리석은 말이나 희롱의 말이 마땅치 아니하니
오히려 감사하는 말을 하라

무엇보다도
예수님을
나의 주인이요 왕으로

오늘도 믿고 살아감이
가장 큰 감사의 이유가
되어야 합니다.

그 어떤 것으로도
비교할 수 없는
절대적인 가치는
다름 아닌
예수님이라는 진실을
오늘도 굳게 믿고,
어떤 형편 중에서라도
예수님만으로도
깊이 감사할 수 있는
성숙된 그리스도인으로
오늘도 살아가야 합니다.
이와 같은 믿음의 여정으로
오늘도 나아가고 있다면
감사의 제목은
더해지기 마련이고,
그만큼 혹은 그 이상으로
기뻐하게 되는 것은
지극히 당연한 것입니다.

하여,
오늘도
'무엇을 좇고 있는지'
그리고 '어디를 향하고 있는지'를
살펴보게 하소서.
결국
예수님과는
전혀 어울릴 수 없는
방향이고 이유라고 한다면,
미련 없이 내려놓고
거짓 없이 비워내게 하소서.
더불어 반드시
감사하고 기뻐하게 하소서.
또다시
심겨지고 채워진
그말씀과 그 마음으로 인해!
오늘도!

너희도 정녕 이것을 알거니와
음행하는 자나 더러운 자나 탐하는 자 곧 우상 숭배자는 다
그리스도와 하나님의 나라에서 기업을 얻지 못하리니

예수님만으로도
얼마나 충분한지를
직접 경험하고
누리지 못하면,
여전히
더 가지지 못하거나
더 배우지 못해서
짓눌리기 마련이고,
혹은
더 가졌거나
더 배웠다는 이유로
오히려
자신의 무능함과 부패함을
더 적나라하게 드러내며
살아가기 마련입니다.
결국
예수님을
알아도

믿어도
오늘도
옛사람의 악성과 악습을
반복하고 있는 한,
내가 얼마나
비참하고 형편 없는 그리스도인으로
살아가고 있는지에 대한 감각조차도
마비되기 마련이고,
설상가상(雪上加霜)으로,
변화와 회복으로의
도전과 초대 앞으로
결코 쉽사리 나아갈 수 없는
처절한 지경으로
떨어지기 마련입니다.
하여,
그리스도인으로 살아가되
날마다
주인 되신 예수님을

깊이 생각하며 따라가게 하소서.
때마다 일마다
나를 살리고 세우는
생명과 약속의 말씀을
깊이 생각하며 따라가게 하소서.
마침내

예수님만이
유일무이(唯一無二)한 길이요,
유일무이(唯一無二)한 진리요,
유일무이(唯一無二)한 생명임을
생생히 경험하고 누리게 하소서.
더욱 생생히!

| 06 |

누구든지 헛된 말로 너희를 속이지 못하게 하라
이로 말미암아 하나님의 진노가 불순종의 아들들에게 임하나니

최소한
'무엇이 나를 흥하게 하고'
혹은
'무엇이 나를 망하게 하는지'는
분별할 수 있어야 합니다.
지난 실패와 실수를 통해서도
이후로는
'무엇을 붙잡아야 하고'
혹은
'무엇을 내려놓아야 하는지'도

분별할 수 있어야 합니다.
이같은 영적 분별력은
살아 계신 하나님께서
때마다 일마다
보여주시고 들려주시는
그말씀 속으로 들어가고,
'그말씀 그대로'
순종하며 살아가는
오늘이 있어야만 더해지는
하나님의 자원이자

영적인 선물입니다.

다시 말해서,

하나님과의 친밀함이

날마다 더해짐으로 인해

어느새

세상의 소리나

옛사람의 소리와는

전혀 차원이 다른

하나님의 절절한 마음을

깊이 헤아리며

기꺼이 순종하게 되는

새사람다움입니다.

하여,

무엇보다도 먼저

말씀의 사람이 되고,

순종의 사람이 되고,

믿음의 사람이 되기를

간절히 사모해야 하겠습니다.

주인 되신 예수님과는

전혀 어울릴 수 없는

이런저런 이유와 일들이

결국에는

나를 망하게 만드는

원수라는 일침(一鍼)을

겸손히 받아들여야 하겠습니다.

이로써

영적 분별력이 세워지게 하소서.

이로써

영적 분별력이 더해지게 하소서.

더욱 예리하게!

| 07 |

그러므로 그들과 함께하는 자가 되지 말라

내가 먼저

겸손의 사람이 되고,

내가 먼저

순종의 사람이 되고,

내가 먼저
믿음의 사람이 되어야 합니다.
그리고 반드시
겸손의 사람과
함께해야 하고,
순종의 사람과
함께해야 하고,
믿음의 사람과
함께해야 합니다.
지금 나의 안과 밖이
머리 되신 예수님 앞에서
'얼마나 정직하고',
'얼마나 신실하고',
'얼마나 충성스러운가' 하는 문제는
모델 신자 된 나의 신앙인격을
제대로 세우며 살아가게 하는
결정적인 몫이기 때문입니다.
나아가
지금 나와
함께하고 있는 사람들이
살아 계신 하나님 앞에서

'얼마나 정직하고',
'얼마나 신실하고',
'얼마나 충성스러운가' 하는 문제는
예수님의 몸 된 교회를
또다시 바르게
그리고 맑고 밝게
일으켜 세우게 하는
중요한 변인(變因)이기 때문입니다.
하여,
생명과 약속의 말씀 안으로
깊이 들어가게 하소서.
더불어 반드시
예수님의 몸 된 영적 관계성 안으로
깊이 들어가게 하소서.
때를 따라 공급해 주시는
무한한 은혜와 사랑으로
멋있고 아름답게 변화되게 하소서.
이처럼 변화된 삶으로
환경과 사람들을 살리고 세우게 하소서.
마땅히!

너희가 전에는 어둠이더니
이제는 주 안에서 빛이라 빛의 자녀들처럼 행하라

거듭난 그리스도인이라고 할지라도
생명과 약속의 말씀을 떠나서는
새사람의 신앙인격이
결단코 세워지지 않는 법입니다.
다시 말해서,
날마다
말씀으로 다가오시는
예수님 안에 거하지 않고서는
하나님이 기대하시는
그토록 선한 열매를
결단코 맺을 수 없는 법입니다.
하여,
어찌하든지
날마다
그말씀을 마주해야 하고,
깊고 넓게
그말씀을 묵상해야 하며,
마침내
'그말씀 그대로' 살아가기를

무한히 반복해야 합니다.
이와 같은 변화가
나의 안과 밖에서
실제적이고 구체적으로
일어나고 있음이
오늘의 기쁨이 되고,
나아가
그말씀으로
또 다른 누군가를
바르게 일깨우고 세우며
살아가고 있음이
오늘의 기쁨이 되어야 합니다.
이로써
오늘도
참으로 정직하고 신실한
영적 실력자요,
영적 섬김이가 되게 하소서.
언제라도
어디에서라도

참으로 겸손하고 충성스러운
선한 청지기요,
선한 일꾼이 되게 하소서.

변화된 인격으로!
더해진 선한 열매로!

빛의 열매는
모든 착함과 의로움과 진실함에 있느니라

그것이
반복적인 불순종이거나
의도적인 불순종이라면,
아직도
돌이킬 수 있는 여지가
남아 있다 싶을 그때에
속히 엎드리고,
정직하게 토해내야 합니다.
여전히 활개를 치는 듯한
옛사람의 악성과 악습 앞에서도,
생명과 약속의 말씀 안으로
더욱 진지하게 들어가고,
예수님의 교훈과 명령에

남은 생을 걸고 순종해야 합니다.
이로써
어느새 그리고 마침내
새사람의 신앙양심은
맑아지고 밝아지며,
더불어 반드시
새사람의 신앙인격은
세워지고 다져지는 것입니다.
다시 말해서,
그토록 질긴
악성과 악습이라고 할지라도
결국에는 마비되고 파괴되며
뿌리채 뽑혀지는 것입니다.

166

하여,

시작부터 마지막까지

순종의 사람이 되게 하소서.

날마다

그말씀으로 묶이고,

성령님의 실제적이고 세밀한

일깨우심과 지도하심을 따라

기꺼이 순종하며 살아가는

믿음의 사람이 되게 하소서.

또한,

그 어떤 불순종의 문제라도

순종함으로 이겨내고,

순종함으로 뛰어넘고야 마는

승리의 사람이 되게 하소서.

진실로!

| 10 |

주를 기쁘시게 할 것이 무엇인가 시험하여 보라

더 이상

새롭고 그럴듯한

지식으로가 아니라,

언제 어디에서라도

일깨우고 살리는

생명의 말씀이요,

언제 어디에서라도

거짓 없고 변함없는

약속의 말씀으로

믿고 살아가는

삶이어야 합니다.

하나님의 기쁨이 무엇인지를

더욱 구체적이고

정확하게 깨달아

일상을 통해서도

하나님의 기쁨이 되는

그리스도인으로 성장하고,

하나님의 기쁨을

나의 기쁨으로 알고 살아가는
그리스도인으로 성숙해야 합니다.
때가 이르매,
갖가지 정욕들과
유한한 자원들의 한계를
철저히 절감하고,
지금 머무는 이곳에서도
영원한 실상(實像)을
선명하게 바라보며,
이미 알고 믿는 바대로
행하며 살아가야 합니다.
하여,
날마다
살아 계신 하나님 앞에서

정직하고 겸손하게 엎드리게 하소서.
날마다
주인 되신 예수님을
깊이 생각하게 하소서.
그리고 반드시
날마다
보여주시고 들려주시는
그말씀을 따라가게 하소서.
이처럼
내가 먼저
하나님의 기쁨이 되고,
하나님의 기쁨을 나누게 하소서.
언제 어디에서라도!

| 11 |

너희는 열매 없는 어둠의 일에 참여하지 말고 도리어 책망하라

이제까지
어떤 선택으로
어떤 열매를 맺어왔는가를

정직하게 살펴보면서,
남은 생만큼은
혹은 남은 생 동안에도

바른 선택으로
하나님이 기뻐하시는 열매를 맺는
그리스도인으로
살아가야 하겠습니다.
날마다
하나님의 마음과 계획에
합당한 사람이 되고,
합당한 삶이 되도록
예수님의 교훈과 명령을 따라
선택하고 행하는
그리스도인으로
살아가야 하겠습니다.
전후좌우 살펴보아도
명확히 아닌 것을
또다시 고집하려는
어리석은 선택이 아니라,
오늘의 나를
또다시 일깨우고 살리는
하나님의 방법을
고집스러울 정도로
유지하고 지켜내려는
지혜로운 선택으로

함께하고 있는
환경과 사람들까지도
또다시 일깨우고 살리는
그리스도인으로
살아가야 하겠습니다.
하여,
나를
가장 잘 아시고,
나의 안과 밖을
가장 정확하게 살피시는
살아 계신 하나님 앞에서
지금도 호흡하고 있음을
기억하게 하소서.
하나님의 마음과 계획을 벗어나서는
결국
부실하고 쓰디쓴 열매를
맺게 된다는 영적 교훈을
기억하게 하소서.
어찌하든지
하나님의 열매를
풍성하게 맺을 수 있는
믿음의 사람이 되게 하소서.

그들이 은밀히 행하는 것들은
말하기도 부끄러운 것들이라

일시적으로는
사람들의 눈을
피할 수는 있겠으나,
살아 계신 하나님께서
나를 들어 쓰시고자 할 때면
예외 없이
내 안에 가려진
동기와 이유와 과정과 방향을
더욱 정직하고 정확하게
살펴보게 하십니다.
나의 외모보다도
나의 중심에
지대한 관심을
가지고 계시는 하나님을
바르게 알고
진지하게 따라감으로 더해진
불이익과 불편함 앞에서도
결코 쪼그라들지 않고
더욱 정직하고 담대하게

감내하게 하십니다.
지금도
앞으로도
영원토록 변함없는
하나님 나라의 백성임을
깊이 자각하고 기억하면서
부패하고 어두운 세상과는
철저히 구별된 삶을
더욱 정직하고 신실하게
살아가게 하십니다.
하여,
가난할 때뿐 아니라
부유할 때에라도
환경과 사람들을
넘어서게 하소서.
날마다
생명과 약속의 말씀을
기쁘게 받고 품어
때를 따라

귀한 열매를 맺게 하소서.

언제 어디에서라도

소금으로 빛으로

살아가게 하소서.

우직하게!

| 13 |

그러나 책망을 받는 모든 것은 빛으로 말미암아 드러나나니
드러나는 것마다 빛이니라

또다시

하나님 앞에서

가난한 마음으로 살아가고,

하나님의 관심에

나의 시선을 고정시키기를

훈련해야 하겠습니다.

때가 되면

반드시 시들해져버리는

외모나 재능이나

지식이나 명예나

소유나 지위에 뿌리 내린

헛된 자랑거리가 아니라,

마음 깊은 곳으로부터

예수님을 자랑하고,

그말씀으로 인해

안과 밖으로

평안함과 넉넉함이

묻어나오는 삶이 되도록

훈련해야 하겠습니다.

이처럼

살아 계신 하나님 앞에서

투명해지고 정직해지는 만큼,

다시 말해서,

그말씀 앞에서

기쁘게 즉시로 온전하게

순종하며 살아가는 만큼,

하나님의 나라가
더욱 선명해지고,
하나님의 임재가
더욱 진하게 누려지는 것입니다.
하여,
거듭난 새사람답게
변화되게 하소서.
새사람의 신앙양심이
그말씀으로

더욱 맑아지고 밝아지게 하소서.
'그말씀 그대로' 순종하는
신앙인격자가 되게 하소서.
그말씀 속에 담긴
하나님의 본심을
깊이 헤아리며 살아가는
복된 그리스도인이 되게 하소서.
하나님이 보시기에!

| 14 |

그러므로 이르시기를
잠자는 자여 깨어서 죽은 자들 가운데서 일어나라
그리스도께서 너에게 비추이시리라 하셨느니라

하나님의 마음과
하나님의 관점으로 보아
오늘도 얼마나
'합당하게'
서 있는지를
볼 수 있어야 합니다.
이는

말씀의 권고와 도전에
오늘도 얼마나
'능동적이고 정직하게'
순종하고 있는지를 통해서,
그리고
성령님의 일깨우심과 지시하심에
오늘도 얼마나

'민감하고 성실하게'
순종하고 있는지를 통해서
확인할 수 있는
영적 필요입니다.
나아가
예수님을
남은 생의 주인으로 믿은 이후로
그간 얼마나
많은 시간이 지났는지
혹은
그간 얼마나
많은 지식이 더해졌는지에 관계없이
오늘도 얼마나
'겸손하고 순전하게'
예수님을 따라가고 있는지를 통해서

감지할 수 있는
영적 진단이기도 합니다.
하여,
오늘도
영적인 눈과 귀가
영원한 실상(實像) 앞에
활짝 열리게 하소서.
오늘도
주인 되신 예수님께 집중하고,
생명과 약속의 말씀에 집중하게 하소서.
오늘도
하나님의 마음으로 변화되고,
하나님의 관점으로 변화되게 하소서.
어떤 형편 중에라도!

| 15 |

그런즉 너희가 어떻게 행할지를 자세히 주의하여
지혜 없는 자 같이 하지 말고 오직 지혜 있는 자 같이 하여

또다시 듣고 보고도,
심지어

이미 알고 믿고도
여전히 행하지 않는

부정직함과
불성실함으로부터는
벗어나야 합니다.
일상의 자리에서
주인 되신 예수님이
너무나도 자연스럽게
제외되고 있거나
선택의 과정에서
생명과 약속의 말씀이
아무런 고민 없이
누락되고 있다면,
때가 되면 반드시
교만의 늪으로
떨어질 것이고,
결국 패하고
망할 수밖에 없는 삶을
오늘도 이어갈 뿐임을
절실히 깨달아야 합니다.
이후로도
부활예수를 주인으로 믿는
그리스도인으로 산다고 한다면,
이처럼 어리석은 삶을

반복적으로 살아가지 않도록
오늘도 깨어나야 합니다.
이와 동시에
지금 머물고 있는
환경과 사람들의 형편을
정확하게 진단하고
올바르게 안내할 수 있는
만남과 권고와
도전과 각성과
결단과 회개의 장(場)으로
오늘도 들어서야 합니다.
하여,
날마다
나의 중심성을
부인하게 하소서.
예수님을 깊이
생각하게 하소서.
예수님의 교훈과 명령을
따라가게 하소서.
이처럼 지혜로운 자로
살아가게 하소서.
날마다!

세월을 아끼라 때가 악하니라

기껏해야
목적이라는 것이
경쟁에서 뒤쳐지지 않는 삶이 되고,
이를 위해
오늘도 숨 가쁘게
시간을 쫓아가고 있는
어리석은 자가 아니라,
심지어는
여전히 빠듯하고
인색한 일상으로 인해
이미 주어진 환경과 자원들의
진미(眞味)를 누리지도 못한 채
그저 분주하게만 살아가고 있는
어리석은 자가 아니라,
생의 결국이
어떻게 끝이 나고,
어떻게 이어지는지를
정확히 알고
확실히 기억하면서
오늘도

살아 계신 하나님 앞에서
주어진 환경과 자원들을 가지고
정직하고 성실하게
사용하고 유통하는
지혜로운 자가 되어야 합니다.
어디가 하나님의 편이고,
무엇이 하나님의 기쁨이며,
어떤 선택이
하나님의 마음에 합한 것인지를
때를 따라
바르게 분별할 수 있는
깨어 있는 자로 살아가야 합니다.
하여,
오늘도 내일도
생명과 약속의 말씀으로 인해
나의 야망과 나의 욕심과
나의 편견과 나의 고집과
나의 무지와 나의 무감각이
지속적으로 혹은 혁명적으로
해체되고 녹아내리게 하소서.

그말씀을
기쁘게 살아냄으로 인해
영적인 분별력과 책임감이

깊고 넓게 세워지게 하소서.
오늘도 내일도!

| 17 |

그러므로 어리석은 자가 되지 말고
오직 주의 뜻이 무엇인가 이해하라

더 이상 바랄 것이 없고,
더 이상 후회할 이유도 없는
남은 생을 살아가기 위해서는
반드시
생명과 약속의 말씀에
일상의 뿌리를
깊게 내려야 합니다.
이는
주인 되신 예수님이
무엇을 교훈하시고,
무엇을 명령하시는지를
날마다
바르게 이해하고

온전히 순종하는 삶으로
드러납니다.
비록
하나님의 자녀라고 하는
존재의 변화를 이루었지만,
여전히 무능하고 부패한
악성과 악습으로 인해
그리고
여전히 불량하고 어두운
세상풍조로 인해
대책 없이 휘둘리고 있는
미숙하고 어리석은
그리스도인이 아니라,

날마다

생명과 약속의 말씀으로

그리고

성령님의 도우심으로

새사람의 신앙인격을

든든하고 풍성하게 세워나가는

성숙하고 지혜로운

그리스도인으로

살아가고 있어야

마땅합니다.

하여,

오늘도 정직하게 하소서.

오늘도 신실하게 하소서.

오늘도 겸손하게 하소서.

주인 되신 예수님 앞에서!

그말씀 앞에서!

| 18 |

술 취하지 말라 이는 방탕한 것이니
오직 성령으로 충만함을 받으라

동행하시는 성령님이

도우시고 지도하심을

날마다 인정하고

기쁘게 여길수록

나의 자랑은

사그라들기 마련입니다.

성령님의 감동하심으로

기록된 말씀을

날마다 깨달아 가고

기쁘게 순종할수록

나의 신념은

허물어지기 마련입니다.

머리 되신 예수님의

몸 된 영적 관계성을

날마다 기억하고

기쁘게 동참할수록

나의 인격은
다듬어지기 마련입니다.
하여,
마땅히 세워야 할 것을
지속적으로 세워 나가고,
마땅히 제거해야 할 것을
단호하게 제거해 나가는
깨어 있는 그리스도인이 되게 하소서.
나의 중심성으로부터 시작된
그 무엇에

묶여 있는 삶이 아니라,
주인 되신 예수님으로부터 시작된
그 무엇으로 인해
진실로 자유한
깨어 있는 그리스도인이 되게 하소서.
이처럼
성령 충만한 사람이 되게 하소서.
이처럼
성령 충만한 삶을 살아가게 하소서.
오늘도 여전히!

| 19 |

시와 찬송과 신령한 노래들로 서로 화답하며
너희의 마음으로 주께 노래하며 찬송하며

무엇보다도 먼저
마음을 다해
하나님을
사랑하기로
다짐하며 기뻐해야 합니다.
무엇보다도 먼저

힘을 다해
하나님의 말씀에
순종하기로
다짐하며 자원해야 합니다.
무엇보다도 먼저
남은 생을 다해

하나님의 성품과 행하심을
증거하기로
다짐하며 실천해야 합니다.
이는
오늘도
호흡하고 있음에
경험하고 누려야 할
마땅한 특권이요
책임입니다.
이는
나보다도 나를
더욱 정확하게 아시고,
더욱 세밀하게 살피시는

살아 계신 하나님을 향한
마땅한 반응이요
의무입니다.
하여,
진실로
감사하고 기뻐하게 하소서.
신령과 진정의 예배자로
일어서고 나아가게 하소서.
결코 다함이 없고,
결코 마름이 없는
깨어 있는 그리스도인으로
살아가게 하소서.
어떤 형편 중에서라도!

| 20 |

범사에 우리 주 예수 그리스도의 이름으로
항상 아버지 하나님께 감사하며

지금도
변화를 받는
마음과 눈으로 보면,

모든 것이
하나님의 은혜요
감사의 이유가 되는 것입니다.

여전히
연약하고 부족하지만
하나님의 섭리하심과 역사하심은
언제나
생생하고 넉넉합니다.
하여,
오늘도
나의 무능함과 부패함을
부인할 수밖에 없고,
오늘도
내게 허락된 환경과 자원을
하나님의 마음으로
관리할 수밖에 없고,
오늘도
주인 되신 예수님의
교훈과 명령을 따라

순종할 수밖에 없는 것입니다.
이후로도
'예수님은
절대가치'라고 하는
변함없는 진실과
'생명과 약속의 말씀은
절대가치'라고 하는
영원한 진실 앞에
정직하고 신실하게 하소서.
또다시 더해진
그 은혜에
감격하고 감사하게 하소서.
이와 같은 소금으로,
이와 같은 빛으로
승리하며 살아가게 하소서.
오늘도!

| 21 |

그리스도를 경외함으로 피차 복종하라

그리스도 안에서는
희생하며 섬기는 자가

큰 자입니다.
주인 되신 예수님의 사랑을

깊이 공감하며
생생히 기억함으로 인해
오늘도
높아진 자리에서도
겸손히 엎드리고,
세워진 인격으로도
기꺼이 순종하기를
마다하지 않는 자입니다.
때를 따라
깨달아지고 믿어진
'그말씀 그대로'
기쁘게 살아감으로 인해
오늘도
'아니다' 싶은 것을
미련 없이 비워내고,
'참이다' 싶은 것을
충만하게 받아들이기를
멈추지 않는 자입니다.
결국

성숙한 자라야
미숙한 자를 돌보고
살필 수 있는 것입니다.
하여,
오늘도
그리스도 안에서
성장하고 성숙하게 하소서.
하나님과의 친밀함이
일상을 통해서도
묻어나게 하소서.
무엇을 하든지,
어디에 있든지
또 다른 누군가를
기쁘게 섬기는 자로
살아가게 하소서.
예수님처럼!
믿음의 선배들처럼!
깨어 있는 그리스도인으로!

아내들이여
자기 남편에게 복종하기를 주께 하듯 하라

무지함으로 인한
일방적인 요구가 아니라,
헤아리고 보살핌으로 인한
넉넉한 배려로
예수님의 몸 된
영적 관계성의 품격이
더해져야 합니다.
부활하신 예수님을
남은 생의 주인으로
믿고 따르는 사람답게
그리고
생명과 약속의 말씀을
남은 생을 걸고
순종하며 살아가는 사람답게
변화되어 감으로 인해
그 영적 관계성의 진정성이
증명되어야 합니다.
결국
'내가 예수님을

진정으로 사랑하고,
예수님의 교훈과 명령대로
온전히 행하고 있는가'에 따라
함께하고 있는
영적 관계성의 깊이와 넓이가
더해지거나 혹은 줄어드는 것은
정한 이치(理致)입니다.
하여,
이후로는
그저
사랑만 받는 자리에
머물기보다는
몸소
사랑하는 자리로
내려가게 하소서.
무엇보다도,
누구보다도
사랑해야 할 대상을
더욱 사랑하게 하소서.

이로써
내게 부어진
하나님의 사랑이
나누어지게 하소서.

이로써
그 영적 관계성이
더욱 풍성하게 하소서.

| 23 |
이는 남편이 아내의 머리 됨이
그리스도께서 교회의 머리 됨과 같음이니
그가 바로 몸의 구주시니라

부활하신 예수님을
주인으로 믿고 살아가는
신앙생활에는
예수님의 몸 된 교회를
알아가고 경험하는 삶이
반드시
포함되어야 합니다.
성경이 안내하고 있는 교회가
'어떤 의미인지'
그리고 교회를
'어떻게 경험해야 하는지'를

반드시
알아가야 하고,
실제적으로
교회의 일원이 되어
살아가야 합니다.
다시 말해서,
예수님의 몸을 이룬
각각의 지체(肢體)가 되어
서로가 서로에게
반드시
필요한 존재임을 깨닫고,

실제적으로
도움을 받고 도움을 주는
영적 관계성 안에서
살아가야 합니다.
이처럼
예수님 안에 있는 자는
더 이상
홀로서기가 아니라
반드시
함께해야 함을
깨달아가면서,
실제적으로
함께하기 위해

희생을 감수하기도 하고,
함께함으로
유익을 얻기도 하는 것입니다.
하여,
또다시
환경과 사람들로 인해
흐려지고 왜곡된 진실을
바로 세우고,
하나님의 마음 그대로
선택하며 따라가게 하소서.
주인 되신 예수님 안에서!
건강한 영적 관계성 안에서!

| 24 |
그러므로 교회가 그리스도에게 하듯
아내들도 범사에 자기 남편에게 복종할지니라

예수님을 향한
믿음의 진정성은
반드시

삶을 통해
드러나는 것입니다.
다시 말해서,

드러난 삶을 통해
나의 믿음이
예수님께 얼마나
뿌리 내리고 있는지를
확인할 수 있는 것입니다.
이 때문에
교회의 일원이 된
한 사람 한 사람이
오늘도
예수님의 교훈과 명령을
생명으로 여길 뿐만 아니라,
기쁘게 순종하고 있어야
마땅합니다.
오늘도
안으로는
옛사람의 악성과 악습을
철저히 부인하며
새사람의 신앙인격을
기억하고 훈련할 뿐만 아니라,

밖으로는
맡겨진 사명을
맡겨진 자리에서
정직하고 성실하게
감당하고 있어야
마땅합니다.
오늘도
이와 같은 삶의 내용으로
주인 되신 예수님을
따라가고 있어야
마땅합니다.
하여,
예수님을 알아가는 시간만큼
성숙된 자로
살아가게 하소서.
말씀을 깨달아가는 시간만큼
예수님을 닮아가는 자로
살아가게 하소서.
오늘도!

남편들아
아내 사랑하기를 그리스도께서 교회를 사랑하시고
그 교회를 위하여 자신을 주심 같이 하라

생명과 약속의 말씀이
교훈하고 명령하고 있는
진정한 사랑은
반드시
무한용서와
무한희생과
무한섬김을
담고 있습니다.
예수님으로부터 넘어온
온전한 사랑은
자기 중심성과는
철저히 구별되게 하고,
자신의 삶에 대해서도
책임감 있게 반응하게 하며,
이웃에 대해서도
이타적으로 살아가게 합니다.
결국
하나님의 사랑을

제대로 깨닫지 못하고서는
자신을 제대로 사랑할 수 없고,
자신을 제대로 사랑하지 않는 한
함께한 지체(肢體)를
제대로 사랑할 수 없다는 진실을
늘 기억해야 합니다.
또한,
지금도
머무는 곳에서
하나님을
진정으로 사랑하고 있다면
자신의 삶을
규모 있게 관리하기 마련이며,
나아가
예수님의 몸 된 영적 관계성을 위해
희생하며 섬기기를
자원하기 마련입니다.
하여,

날마다
나의 관심보다는
하나님의 관심에
마음과 삶을 집중하게 하소서.
또다시
부어지고 더해지는
예수님의 사랑으로

나를 살리고
이웃을 살리게 하소서.
언제라도
어디에서라도
사랑을 받은 자답게
후회 없이 사랑하게 하소서.
이처럼!

| 26 |

이는 곧 물로 씻어
말씀으로 깨끗하게 하사 거룩하게 하시고

날마다
생명과 약속의 말씀으로
정화되고
무장되고자 하는 마음을
잊지 않고
잃지 않을 뿐만 아니라,
어떤 환경 가운데에서도
그 말씀을
기억하고,

묵상하며,
적용하고,
실천하고 있는
실제적인 삶을 통해서
그리스도인의 됨됨이가
드러나는 것입니다.
결국
날마다
그 말씀으로

하여, 그 말씀 그대로 2

변화되어 가고 있는
안과 밖의 이모저모가 없이는
여전히 거짓되거나,
여전히 미숙하거나,
여전히 교만한 사람으로
살아가고 있음이
증명되는 것입니다.
하여,
세월이 지날수록
그말씀이 우선이 되고,
그말씀이 중심이 되고,
그말씀이 양식이 되게 하소서.

세월이 지날수록
'그말씀 그대로' 살아간 흔적들이
진하고 강하게 남겨지게 하소서.
세월이 지날수록
그말씀으로
또 다른 한 사람 한 사람을
살려내고 일깨우게 하소서.
세월이 지날수록
충만하고 넉넉한 그리스도인으로
살아가게 하소서.
그말씀과 함께!

| 27 |

자기 앞에 영광스러운 교회로 세우사
티나 주름 잡힌 것이나 이런 것들이 없이
거룩하고 흠이 없게 하려 하심이라

이후로도
나의 수단과 경험을
지체없이 내려놓고,

하나님이 원하시는
방식과 안내를 따라 살아가기를
간절히 소원해야 합니다.

더불어

또다시

보여주시고 들려주심으로

깨닫고 믿게 된

하나님의 원리를 따라

기쁘게 즉시로 온전하게

순종해야 합니다.

이후로도

하나님의 말씀에

깊고 넓게 뿌리 내리고,

하나님의 마음으로

깊고 진하게 물들어가기를

간절히 소원해야 합니다.

더불어

또다시

경험하고 누림으로

확인하고 확증하게 된

하나님의 질서를 따라

기쁘게 즉시로 온전하게

순종해야 합니다.

하여,

살아 계신 하나님이 보시기에

참으로 믿음직한

그리스도인으로

변화되게 하소서.

살아 계신 하나님이 보시기에

참으로 믿음직한

교회로

변화되게 하소서.

이로써

환경과 사람들을 넘어서게 하소서.

환경과 사람들을 살려내게 하소서.

환경과 사람들을 일깨우게 하소서.

순종하는 삶으로!

이와 같이 남편들도 자기 아내 사랑하기를 자기 자신과 같이 할지니
자기 아내를 사랑하는 자는 자기를 사랑하는 것이라

하나님 중심을 떠난,

다시 말해서,

생명과 약속의 말씀으로부터 벗어난

그 어떤 대안이나 경험이라도,

결국에는

나의 미래를

'공허하게 만든다'는 권고가

지금도

앞으로도

의심없이

와 닿아야 합니다.

하여,

살아 계신 하나님 앞에 서 있는

한 사람으로 보아,

또다시

높아진 것을

기꺼이 낮출 수 있고,

채워진 것을

기꺼이 비워낼 수 있고,

움켜쥔 것을

기꺼이 내려놓을 수 있는

오늘을 살아가고 있어야 합니다.

나아가

살아 계신 하나님 앞에 서 있는

예수님의 몸 된 교회로 보아,

또다시

영적 관계성을 향해

기꺼이 다가설 수 있고,

영적 관계성 안으로

기꺼이 나아갈 수 있고,

영적 관계성 안에서

기꺼이 누릴 수 있는

오늘을 살아가고 있어야 합니다.

이처럼

예수님의 교훈과

명령 위에서 머물고,

성령님의 일깨우심과

지도하심 아래에서 머무는

오늘을 살아가고 있어야 합니다.
이와 같은 삶으로
나의 안과 밖이
정화되게 하소서.

맑고 밝게 변화된 오늘의 삶으로
함께한 환경과 사람들이
정화되게 하소서.
또다시 맑고 밝게!

| 29 |

누구든지 언제나 자기 육체를 미워하지 않고 오직 양육하여 보호하기를
그리스도께서 교회에게 함과 같이 하나니

이미
예수님을
남은 생의 주인으로
알고 믿어
예수 공동체에 들어섰다면,
주인 되신 예수님을
날마다
정직하고 성실하게
따라가야 합니다.
이와 동시에,
예수님의 몸 된
영적 관계성을 위해

서로가 서로에게
참으로 믿음직한
벗이 될 수 있도록
날마다
정직하고 성실하게
희생하며 섬기기를
훈련해야 합니다.
이는
예수님의 마음을
헤아린 깊이만큼
반드시
함께한 지체(肢體)들을 향한

배려와 용서의 깊이로
이어지기 때문입니다.
결국
날마다
성숙한 나의 삶을 통해
이미 알고 믿고 있는 바가
더욱 확실히
증명되기 때문입니다.
하여,
언제 어디에서라도

변함이 없고
다함이 없는
그말씀이
'참'이라는 진실이
드러나게 하소서.
'그말씀 그대로' 살아감이
'참으로 살리는 길'이라는 진실이
드러나게 하소서.
그리스도인다운 나의 삶으로!

| 30 |

우리는 그 몸의 지체임이라

주인 되신 예수님과의
바른 관계는
'예수님의 몸 된 교회가
무엇인지'
그리고
'어떻게
몸의 일부분이 되고

나아가
건강한 몸의 일부분이 되는지'를
바르게 알고 실천하도록
안내하기 마련입니다.
이는
세상이
결코 흉내 낼 수 없는

하나님의 계획이요,

때가 되어

반드시 확인하게 될

하나님의 비밀입니다.

하여,

어찌하든지

영적 관계성 안에서

살아가야 합니다.

그리스도인이라면

그 누구도 예외 없이

성부 성자 성령 하나님과

함께하고 있음을

기억해야 하고,

예수님의 몸 된 교회와

함께해야 함을

기억해야 합니다.

시간이 지날수록

오늘의 동기와 이유가

예수님 때문임이 드러나고,

예수님의 몸 된 교회로 모아지는

그리스도인으로 변화되어야 합니다.

오늘도,

이후로도

예수님을 주인으로

알고 믿고 따라감으로

하나님의 계획과 비밀이

생생히 드러나게 하소서.

그리스도인다운 일상으로!

| 31 |

그러므로 사람이 부모를 떠나 그의 아내와 합하여
그 둘이 한 육체가 될지니

세상을 등지고

살아가는 것이 아니라,

세상을 직면하되

하나님의 마음에 반(反)하는

그 어떤 풍조와 방법들을
더 이상
고집하지 말아야 합니다.
이를 위해
날마다
생명과 약속의 말씀 속으로
들어가서 머무는
묵상의 시간을
기쁘게 여기고,
매순간
성령님의 지도하심대로
선택하고 실천하는
헌신의 시간을
감사하게 여겨야 합니다.
이를 통해
그 말씀에
더욱 묶이게 되고,
성령님께
더욱 이끌리게 되며,

마침내
하나님의 마음에
더욱 합당하게 되는
성숙한 그리스도인으로
살아가야 합니다.
하여,
나의 주인 되신 예수님을
남은 생을 걸고
사랑하며 따라가게 하소서.
예수님의 교훈과 명령을
때마다 일마다
생각하며 순종하게 하소서.
예수님의 몸 된 교회를
이후로도 함께
경험하며 자랑하게 하소서.
이 세상을 향해서도!
이 세상 앞에서도!
이 세상 속에서도!

| 32 |

이 비밀이 크도다
나는 그리스도와 교회에 대하여 말하노라

머리 되신 예수님께로
가까이 다가서고
예수님의 마음을
깊이 헤아릴수록,
예수님의 몸 된 교회의
참된 의미를 깨닫게 되고,
교회를 떠나서는
결단코
하나님이 기뻐하시는 신앙생활을
지속적으로
유지할 수 없다는 사실을
인정하게 될 것입니다.
이미
세월이 이만큼 지났고
앞으로도
세월이 더 많이 지난다고 해도,
교회를 통해서 이루시려는
하나님의 계획은
변함이 없고,

교회를 통해서만 이루어질
하나님의 약속이
여전히 유효하다는 사실도
실감하게 될 것입니다.
하여,
예수님과 함께하고,
말씀과 함께하고,
한마음과 한 뜻으로
몸 된 지체(肢體)들과 함께하는
영적 관계성의 소중함을
날마다 기억해야 합니다.
나아가
영적 관계성 안으로
깊이 들어가 머물면서
예수님을 진하게 나누고,
지체들을 섬기는 일상이 되도록
날마다 자신을 추스려야 합니다.
이를 통해
예수님 안에 있는

하여, 그말씀 그대로 2

그리스도인다움이 드러나게 하소서.
교회를 알아가고 경험하고 있는
그리스도인다움이 증명되게 하소서.
어찌하든지

나의 마음과 삶이
주인 되신 예수님과
예수님의 몸 된 교회를 향하게 하소서.
변함없이!

| 33 |
그러나 너희도 각각
자기의 아내 사랑하기를 자신 같이 하고 아내도 자기 남편을 존경하라

나의 일상 중에도 섭리하시는
살아 계신 하나님을
나의 아버지로 믿게 된 이상,
어떤 때에라도
특별히
형통할 때이든지
혹은 어려움 중에 있을 때이든지
하나님과의 바른 관계를 위해
날마다
하나님의 말씀으로
스스로를 일깨우고,
날마다

하나님의 말씀대로
스스로를 훈련하고 있는
그리스도인으로
변화되어야 합니다.
시간이 지날수록
'죄로부터의 해방'이라는
소극적인 선택보다는
'예수님을 닮아가기'라는
적극적인 선택을 함으로써
하나님께 속한 신령한 자원을
날마다
받고 누리고 있는

그리스도인으로
변화되어야 합니다.
하여,
남은 생의 안과 밖이
생명과 약속의 말씀으로
충만해지고,
예수님의 교훈과 명령대로
살아지며,
성령님의 인도하심에
이끌리는
믿음의 삶을

살아가게 하소서.
더불어
맡겨진 환경과 만남과 자원들로
하나님의 계획과 마음을 따라
지혜롭게 관리하며
사용하게 하소서.
이처럼
정직하고 성실한
청지기가 되게 하소서.
지금도!
앞으로도!

제6부

그러므로
하나님의 전신 갑주를
취하라

Therefore take up
the whole armor of God

(에베소서 6장)

| 01 |
자녀들아 주 안에서 너희 부모에게 순종하라
이것이 옳으니라

나 자신에 대한
바른 이해와 함께
나를 제대로
사랑하기 위해서는
오늘도
나에게 집중하고 계시는
살아 계신 하나님 앞에서
겸손하게 엎드리고,
하나님의 마음과 성품을
깊이 헤아리면서,
또다시 더해진
그 마음과 힘으로
생명과 약속의 말씀에
순종하고 있어야 합니다.
이를 통해
오늘도
예수님 안에서
살아가고 있음이
확인되는 것입니다.

이를 통해
오늘도
하나님 편에서
머물고 있음이
드러나는 것입니다.
이를 통해
오늘도
변화된 새사람의 신앙인격을
세워나가고 있음이
보여지는 것입니다.
이를 통해
함께한
믿음의 사람들을
진심으로 사랑할 수 있는
성숙된 그리스도인으로,
나아가
함께한
불신의 사람들까지도
끝까지 사랑할 수 있는

믿음직한 그리스도인으로
인정되는 것입니다.
하여,

날마다 정직하게 하소서.
날마다 충성하게 하소서.
날마다 사랑하게 하소서.

| 02 |

네 아버지와 어머니를 공경하라
이것은 약속이 있는 첫 계명이니

아닌 것을 멈추고
합당한 것을 붙잡고 나아가도록
오늘도
사람을 통해서
일깨우시고 권고하시는
하나님의 일하심을
분별해야 합니다.
하여,
먼저는
하나님의 마음을
정확하게 헤아리고
정직하게 안내하고 있는
영적 권위자 아래에

남은 생을
풀어놓아야 합니다.
어찌하든지
예수님의 교훈과 명령을
여전히 따라가고 있고,
말씀과 함께
인도하시는 성령님을
여전히 따라가고 있는
영적 권위자와 함께
하나 되기를
자원해야 합니다.
이를 통해
때가 되어 반드시

하여, 그말씀 그대로 2

반듯하고 믿음직한
영적 권위자로 세워지고,
하나님의 마음과 동일한
마음과 삶으로
함께한 사람들을
일깨우고 권고하게 될 것입니다.
이를 위해
오늘도

말씀의 권위가
가정과 일터와 교회 가운데
깊게 뿌리 내리게 하소서.
더불어
말씀이신 예수님의 권위가
나의 안과 밖으로
깊게 넓게 뻗어나가게 하소서.
하나님의 일하심으로!

| 03 |
이로써 네가 잘되고 땅에서 장수하리라

어제와 오늘의 삶 가운데
말씀의 권위가 세워져 있고
'그말씀 그대로' 순종하고 있는
깨어 있는 그리스도인들과 함께함이
오늘의 기쁨이 되고 있다면,
적어도
하나님 앞에서만큼은
끝까지 겸손하기를
열망하고 있는 그리스도인임이

분명하다고 하겠습니다.
또한,
남은 생의 의미와 가치를
영원한 실상(實像)에 두고 있고
주인 되신 예수님을 따라가고 있는
신실한 그리스도인들과 함께함이
오늘의 감사가 되고 있다면,
적어도
환경과 사람들 앞에서도

끝까지 정직하기를

기도하고 있는 그리스도인임이

확실하다고 하겠습니다.

이처럼

'내가 누구인지',

나아가

'내가 어떤 사람이 되고자 하는지'는

어제도

오늘도

누구와 함께

무엇을 행하고 있는가를

진지하게 살펴봄으로써

어렵지 않게

분별할 수 있는 것입니다.

하여,

날마다 연단되고,

날마다 세워지고,

날마다 채워지고,

날마다 사용되는

믿음의 사람이 되게 하소서.

날마다

그말씀과 함께!

날마다

그말씀과 함께하고 있는

그리스도인들과 함께!

| 04 |

또 아비들아 너희 자녀를 노엽게 하지 말고
오직 주의 교훈과 훈계로 양육하라

생명과 약속의 말씀으로

훈련되지 않은

영적 권위는

결단코

바르게 세워지지 않는

법입니다.

날마다
주인 되신 예수님을
깊이 생각하며
정직하게 따라가고 있는
삶의 실제가 없이는
세워진 영적 권위라도
결국에는
변질되고 무너지기
마련입니다.
하여,
날마다
환경과 사람들의 소리보다는
그말씀을 통해서 들려주시는
하나님 아버지의 마음에
더욱 집중하며
깊이 헤아리는 과정을
소홀히 여기거나
생략하지 않게 하소서.

행여,
바쁘고 고단할수록
예수님을 닮아가고자
앞서 나아가고,
여유롭고 평탄하더라도
예수님을 닮아가고자
오래도록 머물게 하소서.
나의 영적 권위만큼
섭리하시고 역사하시는
나의 하나님을
내가 먼저
경험하고 누리게 하소서.
나의 남은 생을 통해서도
또 다른 누군가가
살아나고 깨어나게 하소서.
하나님의 마음에 합당한
바른 영적 권위 안에서!

종들아 두려워하고 떨며 성실한 마음으로
육체의 상전에게 순종하기를 그리스도께 하듯 하라

부활하신 예수님을 믿음으로
창조주 하나님과 연합되고,
하나님의 생명으로 살아가고 있는
새사람의 삶은
날마다
반드시
생명과 약속의 말씀 위에
그리고 예수님의 교훈과 명령 위에
세워져야 합니다.
이와 같은 기준이
분명하고 확실하다면,
더 이상의 고민이나 두려움도
절대무익임을 깨달아
어찌하든지
그말씀과
그 교훈과 명령에
단단히 묶여짐으로 인해
오히려
자유해지고 평안해지는 일상을

살아가게 될 것입니다.
비록
얼마 동안은
불리해 보이고
어리석어 보이는 듯해도
거짓 없는 진리로 인해
마침내는
기뻐하고 감사하는 일상을
살아가게 될 것입니다.
하여,
오늘도
하나님의 은혜와 사랑에
흠뻑 젖어들게 하소서.
오늘도
하나님의 마음으로
충만하게 하소서.
이로 인해
나의 안과 밖이
든든하게 세워지게 하소서.

이로 인해
함께한 사람들도

살아나고 깨어나게 하소서.
오늘도!

| 06 |

눈가림만 하여 사람을 기쁘게 하는 자처럼 하지 말고
그리스도의 종들처럼 마음으로 하나님의 뜻을 행하고

그 열매로 보아
그 나무를
알 수 있다고 했습니다.
하나님과는 전혀 무관한
'악한 열매를 맺을지'
혹은
하나님의 마음과 성품을 대변할
'선한 열매를 맺을지'는
어제 오늘까지의
하나님과의 관계가
얼마나 바른지를 보면,
나아가
그 관계가
얼마나 투명하고 친밀한지를 보면

짐작할 수 있는 것입니다.
더욱 구체적으로는
어제 오늘까지
생명과 약속의 말씀을
얼마나 오래도록
깊이 있게 묵상하고
그말씀대로
얼마나 적극적으로
순종하고 있는가를 보면서
그리고
밝히 드러내시고 권고하시는
예수님의 교훈과 명령을
얼마나 정직하고 성실하게
실천하고 있는가를 보면서

그 나무와 그 열매를
분별할 수 있는 것입니다.
하여,
때를 따라
보여지고 들려지고 있는
바른 안내를 따라
하나님이 원하시는
그 자리로 이동하고,
그 자리에서 머물게 하소서.
사람들의 기준으로 보아

흡족해 하기보다는
하나님의 기준으로 보아
합당하게 세워지고 있는
좋은 나무가 되게 하소서.
그리고 반드시
하나님이 기대하시는
선한 열매를 맺게 하소서.
때가 되어!
반드시!

기쁜 마음으로 섬기기를 주께 하듯 하고
사람들에게 하듯 하지 말라

사람의 마음에
들기에 앞서
주인 되신 예수님의 마음에
얼마나
합당한지를
정직하게

살펴보아야 합니다.
사람이 보기에
그럴 듯한 방식을
선택하기에 앞서
주인 되신 예수님께서도
인정하시고 기뻐하실만한

내용인지도
정직하게
확인해보아야 합니다.
결국
새사람의 됨됨이는
더 이상
나의 기준도
다른 사람들의 기준도 아닌,
예수님의 교훈과 명령으로
얼마나
내면화되어가고 있는지에 따라
세워진다는 사실을
매순간 기억하고
실천해야 합니다.
하여,

오늘도
내일도
생명과 약속의 말씀 속으로
깊이 들어가고,
그말씀을 통해서 전달되는
하나님의 마음에
단단히 메여서,
또다시 더해진
안목(眼目)과 담력(膽力)으로
새사람답게 살아가게 하소서.
이와 같은 일상이
멈추지 않고 반복됨으로
새사람답게 살아지게 하소서.
한결같이!

| 08 |

이는 각 사람이 무슨 선을 행하든지
종이나 자유인이나 주께로부터 그대로 받을 줄을 앎이라

최종적으로
'하나님께서

어떻게
평가하실 것인가!' 하는 것입니다.

잠시잠간의 인정과 보상에

안주하고 있는

미숙한 삶이 아니라,

보다 멀리

그리고

보다 깊이

바라보면서

지속적으로 인내하고 있는

성숙한 삶으로

나아가야 합니다.

곤고할 때는 물론이거니와

형통할 때에도

창조주 하나님 앞에서

겸손한

마음과 삶으로

그리고

함께한 사람 앞에서도

겸손한

마음과 삶으로,

나아가

맡겨주신 환경과 물질 앞에서도

겸손한

마음과 삶으로

일관해야 합니다.

하여,

오늘도

'내가 누구인지!'에 대한

분명한 고백과 함께,

그 고백에 걸맞는

수준 높은

그리스도인이 되게 하소서.

또한

그 고백에 합당한

수준 높은

일상을 살아가게 하소서.

누구보다도

정직하고 신실한 자로!

상전들아 너희도 그들에게 이와 같이 하고 위협을 그치라

이는 그들과 너희의 상전이 하늘에 계시고

그에게는 사람을 외모로 취하는 일이 없는 줄 너희가 앎이라

모든 사람의
최종적인 권위자는
창조주 하나님이시요
주인 되신 예수님이시라는
변함없는 진실 앞에서
절대순복의
마음가짐과 실천을
유지해야 합니다.
이를 통해
아직도 남겨진
무능함과 부패함이라도
계속적으로
녹아지고 제거되기
마련이고,
이제까지 더해진
하나님의 은혜와 사랑이라도
더욱더
예리해지고 풍성해지기

마련입니다.
하여,
때를 따라
지금도
나를 위해 예비된
영적 권위를
분별할 수 있는 지각을
활짝 열어달라고
정직하게 그리고 간절하게
기도해야 합니다.
하나님의 예비하심이
더 없이 분명하다면
그 어떤 지도와 권고 앞에서도
정직하게 그리고 성실하게
반응해야 합니다.
어느덧,
하나님의 마음에 합당한
영적 권위자로 세워지고,

참으로 투명하고 충성된
영적 권위자로 살아가게 될 것입니다.
이와 같은 기쁨과

이와 같은 감사가
차고 넘치게 하소서.
나의 안과 밖으로부터!

| 10 |
끝으로
너희가 주 안에서와 그 힘의 능력으로 강건하여지고

나보다도 나를
더 정확하게 알고 계시고,
나의 힘으로는
도무지 감당할 수 없는 일이라도
능히 감당하게 하시는
살아 계신 하나님의
지혜와 능력으로
살아가야 마땅합니다.
하나님보다 앞서고 있는
이런저런 모양이라면,
때와 장소를 무론하고
즉시로 멈추고,
즉시로 내려놓고,

즉시로 비워내고,
또다시 돌이켜야 마땅합니다.
그럼에도 불구하고,
하나님의 말씀을
몸소 담아내는
반복적인 훈련이 없거나,
받은 말씀이라도
몸소 실천하며 살아내는
반복적인 훈련이 없이는
여전히 요원(遙遠)한 희망사항으로
남아있을 뿐입니다.
하여,
오늘도

잎만 무성한
악한 나무가 되지 않기를
간절히 소원함과 동시에,
오늘도
성장하고 성숙함으로
달고 실한 열매를 맺는
선한 나무가 되게 하소서.
이처럼

변화된 양심과
변화된 생각과
변화된 감성과
변화된 의지와
변화된 언행으로
나의 그리스도인 됨이
진하게 드러나게 하소서.
그말씀과 함께!

| 11 |

마귀의 간계를 능히 대적하기 위하여
하나님의 전신 갑주를 입으라

생명과 약속의 말씀으로
안과 밖이 충만해지고,
'그말씀 그대로' 살아감으로
그말씀 속에 담겨진
하나님의 마음과 성품이
나의 인격으로 내면화되는
이와 같은 실제가 없이는
언제라도
어디에서라도

넘어질 수 있고
무너질 수 있음을
기억해야 합니다.
또한,
신앙의 연수에도
전혀 어울리지 않는
무지함과 미숙함으로는
그토록 귀한
하나님의 은혜라도

값싸고 형편 없는 은혜로
왜곡되고 변질되기 마련이고,
그토록 생생한
십자가와 부활의 복음이라도
특별할 것도 없는 진부한 이야기로
들려지고 지나치기 마련임을
인정해야 합니다.
하여,
먼저는
살아 계신 하나님 앞에서
다시 말해서,
하나님의 마음으로 표현된
그말씀 앞에서

나의 무능함과 부패함을
정직하게 내려놓기를
멈추지 않게 하소서.
더불어
때를 따라
정확하게 안내하고 있는
그말씀을 따라
정직하게 순종하기를
멈추지 않게 하소서.
이로써
살아나고 깨어나며,
살려내고 깨우게 하소서.
날마다!

| 12 |

우리의 씨름은 혈과 육을 상대하는 것이 아니요
통치자들과 권세들과 이 어둠의 세상 주관자들과
하늘에 있는 악의 영들을 상대함이라

때마다 일마다
어수선하고 요란한
현상으로 인해 가려진

그 실체가 무엇인지를
정확하게 분별할 수 있는
안목(眼目)이 더해져야 합니다.

결국
하나님 앞에 서게 될 그때에
명명백백하게 드러날
안과 밖의 이모저모를
남은 생을 통해서도
또다시
정화시키고,
바로 세우며,
새롭게 빚어내는
수고와 땀을
멈추지 말아야 합니다.
더불어
오늘 또다시
들려주시고 보여주시는
그말씀 앞에서
정직함과 성실함으로
순종하며 나아가야만

하나님의 기쁨이 되고
자랑이 될 수 있음을
잊지 말아야 합니다.
하여,
문제보다도
사람보다도
더 위대하신
살아 계신 하나님을
바라보며 의지하게 하소서.
주인 되신 예수님의
생생한 교훈과 명령을
기억하며 따라가게 하소서.
섭리하시고 인도하시는
성령님의 역사를
기대하며 인내하게 하소서.
어느 때에라도!
어디에서라도!

그러므로 하나님의 전신 갑주를 취하라
이는 악한 날에 너희가 능히 대적하고 모든 일을 행한 후에 서기 위함이라

살아 계신 하나님 앞에서
내가 먼저 바로서기를
훈련해야 합니다.
때를 따라
하나님의 말씀이
분명하게
지적하고,
권고하며,
도전하고 있다면
내가 먼저 순종하기를
훈련해야 합니다.
이처럼 변화되고 있는
오늘이 있어야만,
내일도
남은 생도
예수님 안에서
살아갈 것이라는
믿음이 더해지는 법입니다.
그만큼

영적인 성장과 성숙을
훼방하고 있는
갖가지 이유들이
마비되고,
소멸되며,
마침내 뿌리채
뽑히게 될 것이라는
믿음이 더해지는 법입니다.
그야말로
변화된 새사람다움이
다시 말해서,
성숙한 그리스도인다움이
일상을 통해서도
자연스럽게
드러나게 될 것이라는
믿음이 더해지는 법입니다.
하여,
오늘도
옛사람의 악성과 악습에 맞서기를

조금도 주저하지 않게 하소서.
오늘도
'그말씀 그대로'
선택하며 살아감으로

새사람의 신앙인격자로
든든히 서게 하소서.
내가 먼저!

| 14 |

그런즉 서서 진리로 너희 허리 띠를 띠고
의의 호심경을 붙이고

성경이 안내하고 있는
'진리가 무엇인지'
그리고
'의로움이 무엇인지'를
정확하고 실제적으로
알아가고 믿고
행하며 살아가야 합니다.
이에 대한 인식과
실천의 깊이만큼
이런저런 훼방과 빌미를
어렵지 않게 분별하게 되고,
능히 직면하며 넘어서게 됨을

잊지 말아야 합니다.
이후로도
'진리'는
예수님이요,
생명과 약속의 말씀이요,
예수님의 교훈과 명령입니다.
이후로도
'의로움'은
하나님과의 바른 관계요,
예수님과의 바른 관계요,
성령님과의 바른 관계입니다.
다시 말해서,

하나님을
살아 계신 하나님으로
알아가고 믿고 행하며,
예수님을
참 좋은 주인으로
알아가고 믿고 행하며,
성령님을
가장 완벽한 안내자로
알아가고 믿고 행하며

살아가는 일상입니다.
하여,
언제든지
어디에서든지
진리로 인해
의로운 자가 되게 하소서.
진리와 함께함으로
의로운 일상을 살아가게 하소서.
이후로도!

| 15 |

평안의 복음이 준비한 것으로 신을 신고

하나님의 무한용서에
흠뻑 젖어드는 만큼
은혜와 사랑의 사람이 되듯이
하나님의 절대평안 안으로
깊이 들어가서 머무를수록
평화의 사람이 되는 법입니다.
그야말로
여전히 불미하고 부패한

환경과 사람들로 인해
쉽사리 피동(被動)되지 않고,
오히려
평안의 하나님께서
섭리하시고 역사하시는 대로
그토록 불미하고 부패한
환경과 사람들을
살려내고 일깨우는

평화의 사람이 되는 법입니다.
하여,
그 어떤 중요한
사람이나 일보다도
창조주요,
섭리주요,
심판주 되시는
살아 계신 하나님 앞에서
겸손하게 엎드리게 하소서.
하나님의 말씀이 분명하고,
말씀을 통해 밝히 드러난
하나님의 뜻이 분명하다면,
더 이상 지체없이

온전하게 순종하게 하소서.
이를 통해 더해진
안과 밖의 평안으로
환경과 사람들을
겸손하게 섬기게 하소서.
이처럼
하나님을 아버지라 여기는
하나님의 자녀 됨이 드러나게 하소서.
더불어
예수님을 주인삼고 있는
그리스도인 됨이 드러나게 하소서.
참으로 아름답고 멋있게!

| 16 |

모든 것 위에 믿음의 방패를 가지고
이로써 능히 악한 자의 모든 불화살을 소멸하고

다른 사람이 아닌
나의 내면과 삶을
변화시킬 수 있는

그런 믿음이어야 합니다.
예수님을
변함없는 주인으로 믿고,

성경을

마땅히 순종해야 할

생명과 약속의 말씀으로 믿어

지금도

앞으로도

변화되어가는

그런 믿음이어야 합니다.

행여,

뜻하지 않게 넘어질지라도

또다시

예수님을 생각하고,

또다시

그말씀을 기억함으로

일어서서 나아갈 수 있는

그런 믿음이어야 합니다.

마침내는

세월이 누적될수록

영적인 안목(眼目)과 분별력이 더해지고,

하나님의 자원과 마음과 성품을

넉넉히 경험하고 누리고 있는

그런 믿음이어야 합니다.

하여,

날마다

바른 믿음으로

단련되고,

바른 믿음에 걸맞게

살아가게 하소서.

날마다

바른 믿음을

왜곡시키고 변질시키고 있는

갖가지 이유들 앞에서

정직함과 담대함으로

넘어서게 하소서.

이로써

바른 믿음의 내용이 드러나고,

또 다른 누군가에게

바른 믿음이 나누어지게 하소서.

있는 그대로!

| 17 |
구원의 투구와
성령의 검 곧 하나님의 말씀을 가지라

지금
살아가고 있음을 보아
나의 믿음이
증명되는 것입니다.
그럼에도 불구하고,
이미 알고
믿고 있다고 하면서도
실제로
살아가지 않거나
혹은
살아갈 수 없는 경우가
허다(許多)합니다.
결국
하나님의 말씀을
바르게 알아야 하고,
그말씀을
바르게 믿어야 하며,
'그말씀 그대로'
살아가야 마땅합니다.

나아가
그말씀에
더욱 단단히 묶이고,
그말씀에 의해
더욱 유연하게 이끌림으로
그말씀이
안내하고 지시하는 대로
막힘없이 살아지는 일상으로
변화되어야 마땅합니다.
하여,
그 어떤 다른 것들보다도
생명과 약속의 말씀으로 인해,
더불어
그말씀과 함께
섭리하시고 역사하시는
성령님으로 인해
거듭난 새사람의 신앙인격이
성장하고 성숙하게 하소서.
이처럼 변화된

새사람의 신앙인격으로 인해
말씀에 말씀이 더해지고,
믿음에 믿음이 더해지며,
지혜에 지혜가 더해지고,
능력에 능력이 더해지게 하소서.

그리고 반드시
변화된 새사람답게
살아가게 하소서.
지금도 이후로도!

| 18 |

모든 기도와 간구를 하되 항상 성령 안에서 기도하고
이를 위하여 깨어 구하기를 항상 힘쓰며 여러 성도를 위하여 구하라

어떤 형편에서든지
진심으로 감사하고 있어야
또다시
바라고 구하는 내용이
하나님의 마음과 성품으로부터
크게 벗어나지 않게 되는 법입니다.
특별히
세상풍조와 구별될수록
실상(實像)과 허상(虛像)에 대한
분별력이 더해지고,
마땅히 바라고 구해야 할 내용을

더욱 바라고 구하게 되는 법입니다.
하여,
이즈음에도
하나님의 은혜와 사랑에
'진심으로 감사하고 있는지'를
돌아보게 하소서.
하나님의 마음과 성품을
오늘도 경험하고 누릴 수 있음이
'진정한 기쁨이 되고 있는지'도
돌아보게 하소서.
아무리 생각해보아도

주인 되신 예수님께
더욱 집중하고,
때를 따라 일깨워주시는
예수님의 교훈과 명령에
적극적으로 순종하며 살아감이
나의 남은 생을
더욱 부요하고 건강하게
만들어줄 것이라는 확신이
'깊이 뿌리 내리고 있는지'도
돌아보게 하소서.
이와 같이 변화된

나의 안과 밖으로 인해
여전히 불미하고 부패한
환경과 사람들이
살아나고 깨어나게 하소서.
이후로도
간절히 바라고 구하는
내용 그대로 이루어가시는
하나님의 역사하심을
경험하고 누리게 하소서.
참으로 넉넉하게!

| 19 |

또 나를 위하여 구할 것은 내게 말씀을 주사
나로 입을 열어 복음의 비밀을 담대히 알리게 하옵소서 할 것이니

날마다
마음과 시간을 구별하여
직접 성경을 펼쳐 읽고
생각하며 따르기를
선택해야 합니다.
누구보다도

내가 먼저
하나님의 말씀으로
변화되어야 하고,
하나님의 말씀대로
살아가야 합니다.
그리고

때를 따라

깨닫고 믿게 된

그말씀과

그말씀 속에 담긴

하나님의 마음을

있는 그대로

받고 나누어 주는

증인의 삶을

살아가야 합니다.

'믿음의 삶'이란

이와 같은 삶입니다.

하여,

바르게 알게 하시고,

바르게 믿게 하시며,

바르게 살게 하소서.

이로써

하나님의 자녀 됨이 드러나게 하시고,

예수님의 제자 됨이 드러나게 하시며,

성령 충만한 사람 됨이 드러나게 하소서.

어찌하든지

하나님의 말씀을

사랑하는

말씀의 사람이 되게 하시고,

하나님의 말씀대로

살아가는

순종의 사람이 되게 하시며,

하나님의 말씀을

나누어 주는

믿음의 사람이 되게 하소서.

참으로 넉넉하게!

| 20 |

이 일을 위하여 내가 쇠사슬에 매인 사신이 된 것은
나로 이 일에 당연히 할 말을 담대히 하게 하려 하심이라

하나님과의 바른 관계를 위해

그리고

예수님을 닮아감으로 인해

반드시 경험하게 되는

이런저런 불편함 앞에서도
더욱 당당하고 자유하며,
이런저런 부당함 앞에서도
더욱 평화롭고 고요하며,
이런저런 불이익 앞에서도
더욱 여유롭고 넉넉한 삶을
언제부터인가는
실제적으로
누리고 있어야 합니다.
이와 같은 삶은
하나님 나라를,
다시 말해서,
예수님이 왕이 되시고
주인이 되시는 나라를
바르게 알고 믿을 뿐 아니라,
실제로 하나님 나라 안에서
살아가고 있음을 보여주는
숨길 수 없는 증거입니다.
또한,
그리스도인다움으로 인해

마땅히 드러나게 되는
감출 수 없는 열매이기도 합니다.
하여,
어느 때에라도
무엇을 더 행하기에 앞서
하나님의 마음과 성품을
먼저 헤아리고,
예수님의 교훈과 명령을
먼저 생각하며,
성령님의 일깨우심과 지도하심에
먼저 귀 기울이게 하소서.
오늘도
나의 됨됨이를 통해
이미 알고 믿는 바를
실제로 행하고,
나의 행함을 통해
그리스도인다움이
선명하게 드러나는 삶을
실제로 살아가게 하소서.
이처럼 변화된 삶을!

| 21 |

나의 사정 곧 내가 무엇을 하는지 너희에게도 알리려 하노니
사랑을 받은 형제요 주 안에서 진실한 일꾼인 두기고가
모든 일을 너희에게 알리리라

시간이 지날수록
그리스도인의 됨됨이를
더욱 아름답고 멋있게 세워주는
첫 번째 실천사항은,
십계명과 모범기도문 속에 담겨진
새사람의 신앙인격을
바르게 알고 기억하며
무한히 훈련하는 것이요,
더불어
반드시 실천해야 할
두 번째 사항은
예수님을 주인으로 모신
또 다른 그리스도인들과의
영적 관계성 안에서
예수님의 교훈과 명령을
바르게 배우고 익히며
무한히 훈련하는 것입니다.
어느새

하나님의 마음을
충분히 헤아리면서
자원함으로 낮아지고 섬기는
일상이 반복되고 있을 때,
그리스도인의 됨됨이는
더욱 빛을 발하고
하나님의 하나님 되심은
더욱 밝히 드러나는 것입니다.
하여,
날마다
안으로
변화를 받고,
밖으로도
변화를 받게 하소서.
날마다
살아 계신 하나님 앞에서
겸손하고 신실하게 하시고,
예수님의 몸 된

하여, 그리움 그대로 2

영적 관계성 안에서도
겸손하고 신실하게 하소서.
이처럼

그리스도인다운 삶으로!
그리스도인다운 됨됨이로!

| 22 |

우리 사정을 알리고 또 너희 마음을 위로하기 위하여
내가 특별히 그를 너희에게 보내었노라

오늘도
예수님의 교훈과 명령을
정직하고 성실하게
따라가는 일상이라면,
결국
사람들이 보기에도
참으로 믿음직한
그리스도인으로
살아가고 있다는
증거입니다.
이는
때에 따라
자세가 변하고

잠시 잠깐의 이익을 따라
태도가 변하는
얄팍한 수준의
삶이 아니라,
무엇보다도
살아 계신 하나님 앞에서
최선의 삶을
살아가고 있다는
증거이기도 합니다.
하여,
신앙의 연수만큼
말씀을 담아내는
마음의 무게감이

더해지고,

말씀을 살아내는

삶의 무게감이

더해지게 하소서.

오늘도

그렇게 정직하고 성실함으로

하나님의 기쁨이 되고,

사람들에게도 기쁨이 되게 하소서.

오늘도

변화된 나의 일상과 함께!

변화된 나의 됨됨이와 함께!

| 23 |

아버지 하나님과 주 예수 그리스도께로부터
평안과 믿음을 겸한 사랑이 형제들에게 있을지어다

생명과 약속의 말씀에

깊이 잠기며

그 말씀이 권고하고

안내하는 그대로

선택하며 따라갈 때,

비로소

내 안에 계신

성령님의 역사를

실감하게 되고

누리게 되는 법입니다.

더불어

애초부터

내게 속하지 않았던

하나님의 신령한 자원들이

일상의 안과 밖으로

더해지고,

여전히

불미하고 부족한

그리스도인임에도 불구하고

살아 계신 하나님이

때를 따라 들어 쓰시는
아름답고 멋있는 일상을
살아가는 법입니다.
하여,
그 어떤 형편 중에서라도
그리고
그 어떤 이유 앞에서라도
주인 되신 예수님을 향한
믿음의 결단으로
담대히 일어서게 하소서.
예수님이 보여주신

무한용서의 사랑을
또다시 기억함으로
몸소 실천하게 하소서.
이로써
그처럼 고단하고 건조한
이 세상살이 중에도
하나님의 절대평안을
진하게 누리며 나누게 하소서.
이처럼 변화된 마음으로!
이처럼 변화된 삶으로!

| 24 |
우리 주 예수 그리스도를 변함없이 사랑하는 모든 자에게
은혜가 있을지어다

십자가에서 죽으셨고
부활하셨던 예수님이
'나의 하나님이시요,
남은 생의 주인이시라'는
분명한 이해와 믿음으로 인해

하나님의 생명이
나의 영혼 속에 심겨지고,
이후로도
언제 어디에서든지
동행하시는 성령님의

일깨우심과 지도하심을 따라
살아갈 수 있는 특권이
나에게 주어져 있음은
참으로 놀랍고 귀한
하나님의 은혜입니다.
이같이 바른 믿음으로
거듭난 새사람이
예수님의 몸 된 교회를
분명히 이해하고 경험하기까지
날마다
생명과 약속의 말씀을 따라
그렇게 사랑하며 살아감으로
함께 성장하고 성숙해야 합니다.
결국
나의 진정한 변화는
곧
함께하고 있는

영적 관계성의 건강한 변화로 이어지고,
마침내는
하나님의 기쁨이요
세상의 소망으로 이어지게 될 것입니다.
하여,
지극히 정상적인
신앙생활의 이모저모를
알아가는 대로 믿고,
믿어진 만큼 행하기를
무한히 반복하게 하소서.
어찌하든지
말씀의 사람이 되고,
순종의 사람이 되고,
믿음의 사람이 되게 하소서.
날마다!
그날까지!

막연히 시간의 길이에 더해 반드시 질적인 시간을 경험하고 누려야, 영생을 살아가고 있다고 확증할 수 있겠습니다. 유일하신 참 하나님을 알고, 하나님께서 보내주신 예수님을 주님으로 알고 있는 그리스도인의 면면(面面)은 어느 모로 보나 그 내용을 달리할 수밖에 없는 것입니다. 느끼고 생각하고 반응하는 양식이 다른데, 어찌 차원을 달리하지 않을 수 있겠습니까! 보고 듣고 깨달아 아는 대로 살아가려 하는데, 어찌 수준을 달리하지 않을 수 있겠습니까! 전(前)과 후(後)의 변화는 지극히 정상적이고 지극히 합당한 결과입니다. 이처럼 예수님 안에 있는 영생은 무능하고 부패한 '나'라고 할지라도 불미한 환경과 불량한 사람들을 뛰어넘는 순종을 통해 멋있고 아름다운 그리스도인으로 살아가게 합니다. 더구나 연약하고 부족한 '마음'이라고 할지라도 하나님의 말씀이 깊이 뿌리 내릴 수 있는 기름진 땅으로의 변화를 통해 달고 풍성한 열매를 맺는 나무로 자라가게 합니다.

하나님과 영원히 분리된 관계를 깨끗이 청산하도록 안내하고, 하나님의 자녀로 함께 살아가도록 지속적으로 권면하고 도전하는 일은 이미 구원받은 그리스도인의 제(第) 일(一) 사명입니다. 어디에서 무슨 일을 하고 살든지 부활하신 예수님이 '나의 하나님이요 나의 주인'이라는 변함없는 진실을 선명하고 확신 있게 증거하고 증명하는 일은 깨어 있는 그리스도인의 자연스러운 일상입니다. 참으로 불량하고 불미한 시대와 환경과 사람들 앞에서도 예수님의 몸 된 교회를 바르게 알아가고 경험하는 가운데, 머리 되신 예수님이 기뻐하시는 그와 같은 수준으로 세워지도록 기꺼이 녹아지고 태워지는 일은 하나님의 마음 깊은 곳에서 살아가고 있는 그리스도인의 진지한 소망입니다.

그리스도인에게는, 그것도 깨어 있는 그리스도인에게는 세상이 쉽사리 이해할 수 없는 특별한 책임감이 날마다 살아납니다. 비록 지금 당장은 넉넉하게 이해받기 힘들다고 해도, 끝가지 감당해야 할 구별된 사명이 날마다 지속됩니다. 그래서 인내가 더욱 필요하고, 그래서 결단이 더욱 필요합니다. 하나님의 절절한 마음에 맑고 밝은 심정으로 공감하고, 하나님의 놀라운 은혜를 정직하고 성실한 삶으로 실감할수록 오늘의 영적인 분량도 그 진중함을 더해가는 것입니다. 여전히 불량한 세상살이 중에도 두려움과 긴장감으로 위축되기보다는 이미 보장된 영원한 소망으로 당당하게 맞서게 되는 것입니다.

하나님 앞에서 충성되고 신실한 사람은 생각만 해도 흐뭇함을 주는 그런 그리스도인입니다. 함께할수록 자신에게 더해진 영적 자원을 기꺼이 나누어 주는 그런 그리스도인입니다. 미숙하고 왜곡된 또 다른 그리스도인의 안과 밖을 일상을 통해 일깨워 주는 그런 그리스도인입니다. 교만함도 겸손함으로 안내하고, 높아짐도 낮아짐으로 안내하는 참으로 성숙된 그런 그리스도인입니다. 지금도 여전히 이와 같은 그리스도인을 통해 부활하신 예수님이 증거되고, 생명과 약속의 말씀이 증명되며, 하나님의 은혜와 사랑이 넉넉하게 그리고 깊이 있게 드러나고 전해집니다. 이후로도 여전히 이와 같은 그리스도인을 통해 하나님의 역사는 지속되고, 하나님의 나라 또한 확장되며, 또 다른 그리스도인이 충성되고 신실한 하나님의 사람으로 살아가게 될 것입니다.

디도서

7부 • 내가 너를 그레데에 남겨 둔 이유는
    This is why I left you in Crete

8부 • 바른 교훈에 합당한 것을 말하여
    Teach what accords with sound doctrine

9부 • 이 말이 미쁘도다 원하건데
    The saying is trustworthy, and I want you to

제7부

내가 너를
그레데에
남겨 둔 이유는
This is why
I left you in Crete

(디도서 1장)

하나님의 종이요 예수 그리스도의 사도인 나 바울이 사도 된 것은
하나님이 택하신 자들의 믿음과 경건함에 속한 진리의 지식과

하나님을 아는 지식과 믿음을,

예수님을 아는 지식과 믿음을,

성령님을 아는 지식과 믿음을

여전히 더해주고 세워주는

환경과 만남 그리고 교회를

소중하게 여기면서

마음껏 자랑할 수 있음은

오늘 지금의 신앙이

참으로 건강하고 아름답다는 사실을

증명한다고 해도 지나치지 않습니다.

존재론적으로

공동체를 이루고 계신

삼위일체의 하나님께서는

하나님의 자녀 된 그리스도인이

'홀로서기'하기를

결단코 원치 않으시고,

주님의 몸 된 교회 안에서

자신의 무능함과 부패함을

혁명적으로 혹은 지속적으로

갈아엎는 동시에,

마땅히 '함께'해야 할

누군가를 섬기는 자로

혹은 누군가의 섬김을 받는 자로

살아가기를 계획하셨다는

변함없는 진실을

늘 기억해야 마땅하다 하겠습니다.

이처럼

모진 세파와 곤고함 중에도

그리스도인의 안과 밖은

주님의 몸 된 교회의 비밀을

깨닫고 경험해 감으로 인해

수준을 달리할 수밖에 없다는

변함없는 진실도

늘 기억해야 마땅하다 하겠습니다.

하여,

옛사람의 악성과 악습을

밟고 일어서고자

담대하게 결단해야 하겠습니다.

새사람의 됨됨이와 품새로
단장하고 나아가기를
기쁘게 훈련해야 하겠습니다.
이후로도
바른 믿음으로

건강하고 아름다운
신앙자가 되게 하소서.
주님의 몸 된 교회와 함께!
영적 관계성 안에서!
반드시!

| 02 |

영생의 소망을 위함이라
이 영생은 거짓이 없으신 하나님이 영원 전부터 약속하신 것인데

막연히
시간의 길이에 더해
반드시
질적인 시간을 경험하고 누려야,
영생을 살아가고 있다고
확증할 수 있겠습니다.
유일하신 참 하나님을 알고,
하나님께서 보내주신 예수님을
주님으로 알고 있는
그리스도인의 면면(面面)은
어느 모로 보나

그 내용을
달리할 수밖에 없는 것입니다.
느끼고 생각하고
반응하는 양식이 다른데,
어찌 차원을
달리하지 않을 수 있겠습니까!
보고 듣고 깨달아 아는 대로
살아가려 하는데,
어찌 수준을
달리하지 않을 수 있겠습니까!
전(前)과 후(後)의 변화는

지극히 정상적이고
지극히 합당한 결과입니다.
이처럼
예수님 안에 있는 영생은
무능하고 부패한
'나'라고 할지라도
불미한 환경과
불량한 사람들을 뛰어넘는
순종을 통해
멋있고 아름다운
그리스도인으로
살아가게 합니다.
더구나
연약하고 부족한
'마음'이라고 할지라도

하나님의 말씀이
깊이 뿌리 내릴 수 있는
기름진 땅으로의 변화를 통해
달고 풍성한
열매를 맺는 나무로
자라가게 합니다.
하여,
영생을 알 뿐만 아니라,
영생을 더욱 누리게 하소서.
더불어
영생의 참 의미를
증거하고 증명하는
깨어 있는 그리스도인이 되게 하소서.
진실로!

| 03 |

자기 때에 자기의 말씀을 전도로 나타내셨으니
이 전도는 우리 구주 하나님이 명하신 대로 내게 맡기신 것이라

하나님의 말씀으로
지속적으로 일깨우며 나누고,

그말씀을 지켜 행하도록
지속적으로 권면하며 도전하는 일은

옛사람이 품고 있는

악성과 악습으로는

도무지 감당할 수 없는

무리한 과제일 뿐입니다.

때를 따라

하나님의 자원을

받고 품고 누리지 못하면

그말씀의 부요함과 위력(威力)을

증거하고 증명하는 일은

너무나 자연스럽게

다른 사람의 일로 여겨지고,

오늘도 수고와 땀을 흘리며

그말씀의 가치와 의미를

전수하고 있는 사람들이

오히려 부담스러운 존재로

여겨질 뿐입니다.

결국

세월이 지나도

그말씀이 안내하고 있는

그리스도의 장성한 분량이

충만하기까지

성장하고 성숙할 수 없는

지극히 초보적인 단계에

머물며 살아감이

최선의 삶이라고

믿어 의심치 않습니다.

이같은 세태로 인해

새사람으로 거듭난 내가

지금 가슴앓이 하고 있다면,

더욱 적극적으로

하나님의 말씀 속으로

들어가야 할 때임을

확신해야 합니다.

더불어

그말씀이 전하고 있는

교훈과 명령에

더욱 자원함으로

순종해야 할 때임도

확신해야 합니다.

하여,

말씀을 깨달아가는

그리스도인이 되게 하소서.

말씀대로 살아가는

그리스도인이 되게 하소서.

그리고 반드시

말씀을 전수하는

그리스도인이 되게 하소서.

| 04 |

같은 믿음을 따라 나의 참 아들 된 디도에게 편지하노니
하나님 아버지와 그리스도 예수 우리 구주로부터
은혜와 평강이 네게 있을지어다

시대가 '얼마나 불량해졌는가'는
그 시대를 살아가는 사람들의
안과 밖을 살펴보면
짐작이 가능한 것입니다.
이처럼
시대와 사람의 형편이
성경이 이미 예고한 대로
적나라하게 드러날 때,
다시 말해서,
사람이 품고 있는 악성과 악습이
그 어느 때보다도 활개를 치고
위력(威力)을 발휘하는 듯할 때,
하나님 편에 서서
이미 배우고 확신한 믿음의 여정을
지속적으로 그리고 끝까지
완주하려는 결심과 삶은
그렇게 초라하고 궁색하게
비쳐지는 것이 일반입니다.

또한,
그토록 불량한
시대와 사람들의 형편에 들어서면
살아 계신 하나님을 향한
두려움이나 존경심은 사라지고,
하나님께서 기뻐하시는 믿음의 삶은
진부(陳腐)한 장식물처럼
대접받기가 일반입니다.
참으로
믿음의 사람들이
더욱 필요한 시대입니다.
시작부터 마지막까지
그렇게 신실하게 살아가는
깨어 있는 그리스도인들이
더욱 필요한 시대입니다.
생명과 약속의 말씀이
'거짓 없는 진리'라는 사실을
증거하고 증명하는 제자들이

더욱 필요한 시대입니다.

그리고

부활하신 예수님을 따라

믿음의 여정으로 함께 나아갈

성숙된 일꾼들이

더욱 필요한 시대입니다.

하여,

구합니다.

찾습니다.

두드립니다.

하나님의 사람이 되게 하소서.

하나님의 사람들을 보내주소서.

또다시!

| 05 |

내가 너를 그레데에 남겨 둔 이유는 남은 일을 정리하고
내가 명한 대로 각 성에 장로들을 세우게 하려 함이니

하나님과 영원히 분리된 관계를

깨끗이 청산하도록 안내하고,

하나님의 자녀로 함께 살아가도록

지속적으로 권면하고 도전하는 일은

이미 구원받은 그리스도인의

제(第) 일(一) 사명입니다.

어디에서 무슨 일을 하고 살든지

부활하신 예수님이

'나의 하나님이요 나의 주인'이라는

변함없는 진실을

선명하고 확신 있게

증거하고 증명하는 일은

깨어 있는 그리스도인의

자연스러운 일상입니다.

참으로 불량하고 불미한

시대와 환경과 사람들 앞에서도

예수님의 몸 된 교회를

바르게 알아가고 경험하는 가운데,

머리 되신 예수님이 기뻐하시는
그와 같은 수준으로 세워지도록
기꺼이 녹아지고 태워지는 일은
하나님의 마음 깊은 곳에서
살아가고 있는 그리스도인의
진지한 소망입니다.
하여,
남은 생도
사람들을 만나고,
사람들을 살리고,
사람들을 세우는 일이
다른 사람의 일이 아닌
나의 일이 되게 하소서.

부활하신 예수님과
약속의 말씀을 기초로 한
살아 있는 영적 관계성을 통해
주님의 몸 된 교회를
더욱 맑고 밝게 세우는 일이
다른 사람의 일이 아닌
나의 일이 되게 하소서.
이로써
나의 안과 밖이 충만하게 하소서.
이로써
교회의 안과 밖이 풍성하게 하소서.
하나님의 생명으로!

| 06 |

책망할 것이 없고 한 아내의 남편이며
방탕하다는 비난을 받거나 불순종하는 일이 없는
믿는 자녀를 둔 자라야 할지라

지금 머무는 이 자리에서도
무엇을 바라보고,

무엇을 생각하고,
무엇을 행하는지는

하늘에 속한 자로
살아가고 있는지를 가늠하는
중요한 변인(變因)입니다.
오늘도
약속의 말씀을 따라
그리고
지도하시고 인도하시는
성령님을 따라 살아가기를
선택하고 실천하는 하나님의 사람이
얼마나 귀하고 절실한지를
실감하고 있다면,
이미 하나님의 마음에 들어선
하늘에 속한 자임이 분명합니다.
이처럼
안으로부터 차고 넘치는
하나님의 생명으로
그리고
위로부터 끊임없이 부어지는

하나님의 은혜와 사랑으로
함께하는 환경과 사람들을
맑고 밝게 정화시키는
하늘에 속한 자가 되기를
세월이 이만큼 지나도
여전히 소원해야 마땅합니다.
옛사람의 악성과 악습을 딛고
새사람의 인격이 강건하게 세워지도록
생명의 말씀과 함께하고,
몸 된 교회와 함께하는
하늘에 속한 자로 살아가기를
남은 생을 통해서도
여전히 훈련해야 마땅합니다.
하여,
나의 간절한 소원이 되게 하소서.
나의 실제적인 삶이 되게 하소서.
하늘에 속한 자로!
이후로도!

| 07 |

감독은 하나님의 청지기로서 책망할 것이 없고
제 고집대로 하지 아니하며 급히 분내지 아니하며
술을 즐기지 아니하며 구타하지 아니하며 더러운 이득을 탐하지 아니하며

하나님의 사람들이
그 어느 때보다도
더욱 필요한 시절입니다.
하나님의 사람들로 살아가도록
바르게 훈련해야 할 필요가
더욱 절실한 시절입니다.
하여,
어느 때에라도
어떤 형편에서라도 믿음직한
그런 청지기로 살아가기를
'진심으로 소원하고 있는지'
자문해봅니다.
비록 부족하고 연약하지만
살아 계신 하나님의
절절한 마음과 뜻을
증거하고 증명하는
그런 청지기로 살아가기를
'진심으로 소원하고 있는지'

자문해봅니다.
세월이 지날수록
나의 힘과 주장은
힘을 잃어가고,
그 대신
하나님께서 부어주시는
능력과 지혜로 살아감이
오늘의 일상이 되는
그런 청지기로 살아가기를
'진심으로 소원하고 있는지'
자문해봅니다.
이후에라도
말씀의 권고와 도전 앞에서
기쁘게 즉시로 온전하게
순종하기를 결단하는
그런 청지기로 살아가기를
'진심으로 소원하고 있는지'
자문해봅니다.

그리고
예수님의 몸 된 교회의 비밀을
바르게 배우고 풍성히 경험함으로
그야말로 멋있고 아름다운
그런 청지기로 살아가기를
'진심으로 소원하고 있는지'
자문해봅니다.

이즈음에 또다시
엎드리게 하소서.
높아진 것을 낮추게 하소서.
채워진 것을 비우게 하소서.
담대함으로!
넉넉함으로!
겸손함으로!

| 08 |

오직 나그네를 대접하며 선행을 좋아하며
신중하며 의로우며 거룩하며 절제하며

부활하신 예수님이
그저 위대한 사람이 아닌
살아 계신 하나님이심을 믿는
그리스도인이라면,
모든 나라와
모든 권세와
모든 영광이
나의 주인이신
하나님 아버지께

영원히 속해 있음을
고백하고 증명하기 마련입니다.
오늘도 깨어 있는
그리스도인의 삶이라면,
불미한 환경과
불편한 만남과
불량한 사람들 앞에서도
생명과 약속의 말씀을 통해서
이미 깨닫고 확신한 바를 따라

직면하며 살아가기 마련입니다.
이처럼 변화되어 가는
그리스도인의 내일이라면,
지극히 제한적인
사람의 한계를 뛰어넘어
굽은 것을 곧게 하고
막힌 것을 뚫어 주는
하나님의 능력과 지혜를
반드시 경험하게 될 것이라는
믿음과 기대감으로
오늘의 순종과 인내의 몫을
기꺼이 감당하기 마련입니다.
하여,
여전히

신앙의 기본품새에 성실하기를
다짐하게 하소서.
말씀이 읽혀질 때까지
그리고
기도가 되어질 때까지
말씀과 기도로
수고하고 땀 흘리기를
게을리하지 않게 하소서.
세상이라도,
사람들이라도
그렇게 쉽게 이해할 수 없는
그리스도인의 삶을
꿋꿋하게 살아가게 하소서.
이즈음에도!

| 09 |

미쁜 말씀의 가르침을 그대로 지켜야 하리니 이는 능히
바른 교훈으로 권면하고 거슬러 말하는 자들을 책망하게 하려 함이라

생명과 약속의 말씀은
지켜 행할수록

더욱 읽혀지고,
더욱 이해되어지고,

더욱 믿어지는 법입니다.
이미 나의 기억과 내면에서
잊혀지고 사라져버린
그말씀의 위력(威力)을
오늘 또다시 경험하기를
간절히 소원하고 있다면,
또다시 기억하고 떠올리기를
훈련하고 훈련해야 하는 것입니다.
늘 같은 일상에
늘 같은 방법으로 대응하면서
열정도,
확신도,
용기도,
소망도 잃어버리고 있다면,
더 이상 같은 일상이 아닌
다른 일상으로
그리고
더 이상 같은 방법이 아닌
다른 방법으로
직면하기를 선택하고,
더 이상 물러서지 않겠다는 다짐을
더하고 더해야 하는 것입니다.
하나님께서 이미 약속하신
그 지점까지

가보지도 않고,
경험해 보지도 않고,
심지어 누려보지도 않고서
당장의 불편함과 고단함 앞에
여전히 불평하고 원망하고 있다면,
이것이야말로
반드시 제거해야 할
나의 악성이요 악습인 것을
정직하게 인정하고,
주인 되신 예수님 앞에서
이전보다 더욱 낮은 자세로
엎드리고 엎드려야 하는 것입니다.
하여,
반드시 나의 변화를
감지하고 확신하게 될 것입니다.
오늘도 변화시켜 나가시는
그말씀의 위력을
맛보고 누리게 될 것입니다.
어느새,
그말씀의 증인으로
살아가게 될 것입니다.
이와 같은 일상으로
충만하게 하소서.
오늘도 내일도!

하여, 그말씀 그대로 2

불순종하고 헛된 말을 하며 속이는 자가 많은 중
할례파 가운데 특히 그러하니

기독신앙의 연수가
그렇게 많아도,
더구나
기독신앙에 관한
지식과 경험이
그렇게 많아도,
그간의 누적된 공적(功績)이
오늘의 삶으로 드러나지 않으면
'모래 위에 집을 짓고 있었다'는
결론입니다.
오늘도
말씀과 기도야말로
남은 삶을 변화시킬
기본 중의 기본이라는 권면을
나를 향한 음성으로
기쁘게 받아들이지 못하고,
때마다 일마다
보여지고 들려지는 그말씀에
오늘도 남은 생을

기쁘게 맡기지 못하면,
여전히
깊이 뿌리 내린 악성과 악습에
'종살이하고 있다'는
결론입니다.
이처럼
불신과 불평과 불순종은
바른 신앙생활 앞에 놓인
위험한 장애물입니다.
나의 자원으로는
결코 만만하게 대응할 수 없는
집요한 장애물이기도 합니다.
그럼에도 불구하고,
하나님의 방법은
언제나 명쾌합니다.
하나님의 약속만큼은
철저히 신뢰하라는 것입니다.
하나님의 약속만큼은
철저히 순종하라는 것입니다.

그리고
항상 기뻐하고,
쉬지 말고 기도하고,
범사에 감사하라는 것입니다.
하여,
오늘도
하나님의 편에 서게 하소서.

오늘도
하나님의 일하심에 동참하게 하소서.
오늘도
결코 무너지지 않을
든든한 집을 세우게 하소서.
하나님의 자원과 하나님의 방법으로!

| 11 |

그들의 입을 막을 것이라 이런 자들이 더러운 이득을 취하려고
마땅하지 아니한 것을 가르쳐 가정들을 온통 무너뜨리는도다

나를 살리고 깨우는
생명의 말씀에
귀 기울여야 합니다.
나를 살리고 깨우는
권면과 도전의 말씀에
마음을 열어야 합니다.
나를 살리고 깨우는
경고와 경계의 말씀에
일상을 조정해야 합니다.

그리고
나를 살리고 깨우는
그 교훈과 명령에
삶으로 반응해야 합니다.
정말이지 남은 생의
지속적이고 혁명적인 변화는
말씀 앞에 서 있는
오늘의 모습과 반응에
달려있다고 단언해도

지나침이 없습니다.

하여,

매 시대마다

안다고 해도

믿는다고 해도

살아가지 않는 사람들이

일반이지만,

아는 만큼

믿는 만큼

우직하고 순전하게

살아가고 있는 사람들이

전혀 없지 않다는 사실을

미리 알고 깨달아서,

신앙생활만큼은

'쉽고 편하게'가 아닌

힘들고 불편하지만

'바르고 정직하게'로 빚어가기를

소원하고 실천해야 합니다.

이즈음에

또다시

살아나고 깨어나게 하소서.

또다시

살리고 깨우게 하소서.

그말씀으로!

그말씀을 기억하면서!

그말씀을 살아내면서!

| 12 |

그레데인 중의 어떤 선지자가 말하되
그레데인들은 항상 거짓말쟁이며 악한 짐승이며
배만 위하는 게으름뱅이라 하니

안과 밖의 일치를 위해,

다시 말해서,

알고 믿는 바와

행하는 바의 일치를 위해

그리고
말하는 바와
행하는 바의 일치를 위해
'어떻게 얼마나 훈련해왔는가'를
정직하게 돌아보아야 합니다.
하나님의 전적인 은혜와 사랑으로
더불어
성령님의 역사와 이끄심으로
부활하신 예수님이 하나님이시라는
사실이 믿어지고,
성경이
난해하고 지루한 경전이 아니라
오늘과 내일을 위한
가장 완벽하고도 안전한
안내서임이 믿어지며,
어느덧
예수님의 몸 된 교회가
이해되어지고 경험되어지는 일상을
'이즈음에도 살아가고 있는지'를
정직하게 돌아보아야 합니다.
그만큼
살아 계신 하나님과의
친밀함이 확인될 것이고,

그만큼
하나님의 사람으로
살아감이 증명될 것입니다.
하여,
앞으로도
진실하기를 다짐해야 합니다.
모든 것을 아시고
때를 따라 섭리하시는
살아 계신 하나님 앞에서
신실하기를 다짐해야 합니다.
사람보다도 환경보다도
예수님을 더 사랑하고 따라가기를
진지하게 다짐해야 합니다.
마침내
하나님이 원하시는
좋은 나무가 되게 하소서.
마침내
하나님이 원하시는
좋은 열매를 맺게 하소서.
마침내
그처럼 달고 풍성한
좋은 열매를 거두게 하소서.
나의 안과 밖으로!

| 13 |
이 증언이 참되도다 그러므로 네가 그들을 엄히 꾸짖으라
이는 그들로 하여금 믿음을 온전하게 하고

세상으로부터 결코 얻어낼 수 없는
하나님께 속한 자원은
나를 근원적으로
그리고 지속적으로
살려내고 깨워냅니다.
이와 같은 하나님의 자원을
충분히 받고 누리기 위해서
나의 안과 밖은
변함없이 준비된 그릇으로,
다시 말해서,
정결한 그릇으로 변화되기를
간절히 사모해야 마땅합니다.
행여나
나의 무능함과 부패함으로 인해
열정과 신실함과 인내력이
마비되어 갈 때면,
살아 계신 하나님 앞에서
지체없이 엎드리고,
정직하게 아뢰며,

하나님께서 사용하시는
그와 같은 그릇으로 준비되도록
또다시 결단해야 합니다.
이처럼 오늘도
나를 살리고 깨우는 교훈과 명령을
진중하게 받아들여야 합니다.
어찌하든지
생명과 약속의 말씀대로
진지하게 살아가야 합니다.
어느 때에라도
살아 계신 하나님과의 대화를
진솔하게 이어가야 합니다.
하여,
짠맛을 제대로 내는
소금이 되게 하소서.
어둠을 제대로 밝히는
빛이 되게 하소서.
좋은 열매를 맺는
좋은 나무가 되게 하소서.

하나님의 풍성한 자원을
가감없이 드러내는
깨어 있는 그리스도인으로

살아가게 하소서.
이즈음에도!

| 14 |
유대인의 허탄한 이야기와 진리를 배반하는 사람들의 명령을
따르지 않게 하려 함이라

하나님의 말씀에 대한 순종은
아무리 강조해도
지나침이 없습니다.
때마다 일마다
그 말씀으로
일깨우고 도전하며
지켜 행하도록
지도하고 안내하는
환경과 사람들과의 만남을
귀하고 의미 있게
여길 수 있어야 마땅합니다.
나아가
예수님의 몸 된 교회의 신비를

알아가고 경험하기 위해서
이미 예비된 영적 관계성 안으로
자원해서 들어가기를
선택하고 실천해야 마땅합니다.
이와 같이
부활하신 예수님이
나를 위해 내려오신
살아 계신 하나님이심을 믿게 하고,
나의 입술과 나의 삶으로
고백하게 하는 바른 신앙은
반드시
합당한 열매를 맺게 합니다.
전혀 알지도 못했고

전혀 알 수도 없었던
변화된 삶의 방식이
깨달아지고 믿어져서,
때로는 불편하고
때로는 손해를 볼지라도
살아 계신 나의 주인 앞에서 살아감이
결국
풍성한 삶이라는 믿음이
깊고 넓게 뿌리 내리게 합니다.
하여,
바른 신앙으로
그말씀이

충만하게 하소서.
바른 신앙으로
그말씀에 순종함이
기쁨이 되게 하소서.
바른 신앙으로
나의 안과 밖이
강건하고 풍성하게 하소서.
바른 신앙으로
함께하는 몸 된 교회가
든든하게 하소서.
바른 신앙으로!

| 15 |

깨끗한 자들에게는 모든 것이 깨끗하나
더럽고 믿지 아니하는 자들에게는 아무 것도 깨끗한 것이 없고
오직 그들의 마음과 양심이 더러운지라

아무리 많이 배워도,
아무리 많이 가져도
밖으로 새어 나오는

내면의 무능함과 부패함을
감출 방법이 없습니다.
해법은

지극히 단순하면서도
너무나 강력합니다.
부활예수를
남은 생의 주인으로 믿게 된
하나님의 자녀라고 할지라도
거듭난 새사람의 신앙인격으로
오늘도 살아가야함을
배우지 못하고
훈련하지 못하면,
옛사람의 악성과 악습은
여전히 의기양양(意氣揚揚) 살아서
보장된 남은 생조차도
흔들어버리고
허물어뜨리기가
일반입니다.
이처럼
그리스도인으로 거듭난 이후에
반드시 이어지고 경험해야 할
지속적인 변화와 누림은
이미 갈아엎어진 마음 밭을
더욱 풍성하고 넉넉하게
빚어내고 유지하게 합니다.

하여,
때마다 일마다
나의 감정과
나의 생각과
나의 주장이 아니라,
변함없이 유효한
생명과 약속의 말씀을
기쁘게 즉시로 온전하게
순종하게 하소서.
더불어
가장 좋은 것으로 충만하도록
때마다 일마다
도우시고 안내하시는 성령님을
기쁘게 즉시로 온전하게
따라가게 하소서.
그것도
혼자가 아닌
예수님의 몸 된 교회와 함께!
준비된 그릇으로!
깨끗한 그릇으로!
나의 안과 밖으로!

그들이 하나님을 시인하나 행위로는 부인하니
가증한 자요 복종하지 아니하는 자요 모든 선한 일을 버리는 자니라

그말씀 앞에서만큼이라도
근신(謹愼)해야 합니다.
환경과 사람들에 대한
편견과 불편함으로 인해
나의 악성과 악습을
당장은 이길 수 없다고 하더라도
동행하시고 일깨우시는 성령님을
애써 무시하고 외면하는
참으로 어리석은 선택은
더 이상 반복하지 말아야 합니다.
결국
'나의 중심이 어디에 있는지'에 따라
흥하기도 하고
망하기도 한다는 사실을
세월을 보내면서도
깨닫지 못하고
받아들이지 못하는
참으로 안타까운 일상은
더 이상 반복하지 말아야 합니다.

하여,
나의 감성과
나의 이성에 부딪힐 때에도
그말씀이 '참'이라고 하는
변함없는 사실을
끝까지 믿고 붙잡기를
선택하고 훈련해야 합니다.
날마다
시간이 나서가 아니라,
날마다
시간을 내어서라도
그말씀 앞에
머물고 깨달아가기를
선택하고 훈련해야 합니다.
더불어 반드시,
몸 된 지체(肢體)들과의
영적 관계성 안에서
나의 편견과 불편함이 제거되도록
아는 바대로,

믿는 바대로 실천하기를
선택하고 훈련해야 합니다.
이처럼
성장하고 성숙하기를
간절히 사모하게 하소서.

남은 생의 진지한 변화를
넉넉히 기대하게 하소서.
그리고 오늘도
'그말씀 그대로' 살아가게 하소서.

제8부

바른 교훈에
합당한 것을
말하여

Teach what accords
with sound doctrine

(디도서 2장)

오직 너는 바른 교훈에 합당한 것을 말하여

바른 것을 알아도,
바른 것을 믿어도
바르고 정직하게
증언하며 살아가기가 힘든 것이
이 세상살이입니다.
그러나
진심이 빠져버린
위장된 말로 일관된 일상은
환경과 사람들을
결국 황폐화시킵니다.
진실이 빠져버린
왜곡된 삶으로 일관된 일상은
남은 생을
결국 공허하게 만듭니다.
하여,
내가 품고 있는 본성은
철저히 위장되어 있고,
철저히 왜곡되어 있다는 사실을
바르게 인식하고
정직하게 인정해야 합니다.

또다시 들려지고 보여지는
절대적인 대안 앞에
겸손한 마음과 태도로
직면해야 합니다.
나를 위해 마련된
가장 완벽한 대안을
전폭적으로
받아들여야 합니다.
그리고
그 대안 그대로
무한히 반복하며
살아가야 합니다.
이후로도
십자가,
부활,
교회,
생명과 약속의 말씀이
나의 말과 나의 삶에
깊고 넓게 스며들게 하소서.
이미 알고 있고

이미 믿고 있는
십자가,
부활,
교회,
생명과 약속의 말씀이

나의 말과 나의 삶을 통해
깊고 넓게 증언되게 하소서.
이 세상살이 중에도!
바르고 정직하게!

| 02 |

늙은 남자로는 절제하며 경건하며 신중하며
믿음과 사랑과 인내함에 온전하게 하고

이제까지
알았고 믿었던 바대로
실천하며 살아가기를
부단히 훈련해왔다면,
영적 분별력은
더욱 명쾌해져 있을 것이고,
영적 민감성은
더욱 예리해져 있을 것은
의심할 여지가 없는 것입니다.
다시 말해서,
신앙의 연수만큼

하나님을 사랑하고 있고,
주인 되신 예수님을 따라가고 있고,
생명과 약속의 말씀이
일상에 그대로 녹아내리고 있는
그와 같은 실제를
경험하고 있음이 분명합니다.
이것이야말로
나의 남은 생을
더욱 풍성하게 만들어줄
적극적인 대안임을
여전히 실감하고 있음이 분명합니다.

이즈음에도
시대의 무관심과 무반응에
애통해하지 않을 수 없습니다.
결국 무너지게 될
바벨탑을 쌓아올리느라
그토록 열심을 내고 있는
환경과 사람들의 형편에
저항하지 않을 수 없습니다.
여전히
의미 없는 소리를 더하고 있는
주장과 변명과 비판을

거절하지 않을 수 없습니다.
하여,
침묵하기를 선택하고,
기도하기를 선택하고,
순종하기를 선택하게 하소서.
하나님의 편이 깨달아지게 하소서.
더불어
하나님의 편에 서게 하소서.
더해진 영적 분별력과
더해진 영적 민감성으로!

| 03 |

늙은 여자로는 이와 같이 행실이 거룩하며 모함하지 말며 많은 술의 종이 되지 아니하며 선한 것을 가르치는 자들이 되고

왜곡되고 상해버린
양심과
생각과
감정과
의지로는

전적인 은혜로
얻게 된 구원이라도
맑고 밝게 세워나가기가
너무나 어렵다는 사실을
반드시 이해해야 합니다.

구원 그 이후에,
그리스도의 장성한 분량에 이르기까지
성장하고 성숙해야 함을
부단히 듣고 보고 알아가고 있지만,
때마다 일마다
왜곡되고 상해버린 내면을
지속적으로 혹은 혁명적으로
일으켜 세워야 한다는 사실이야말로
참으로 순종하기 힘든
부담스럽고 고통스러운 과제라고
애써 믿으려 하는 어리석음을
반드시 태워버려야 합니다.
결국,
오늘의 일상도
그렇게 무능함과 부패함으로 일관하려는
나의 아집과 나의 거역을
반드시 제거해야 합니다.
하여,
더 많은 성과나
더 훌륭한 업적보다도
부활하신 예수님만으로도

이미 충분함을 인식해야 합니다.
하나님의 자녀가 되었음에
깊이 감사해야 합니다.
예수님의 몸 된 교회를 이루어감에
크게 기뻐해야 합니다.
그리고
생명과 약속의 말씀으로
더욱 맑아지고
더욱 밝아지기를
간절히 소원해야 합니다.
이로써
나의 안과 밖이
변화되게 하소서.
나의 일상이 되어버린
예수님의 몸 된 영적 관계성이
풍성하고 아름답게 하소서.
마침내
하나님의 기쁨이 되게 하소서.
마침내
하나님의 영광이 드러나게 하소서.
여기서부터!

그들로 젊은 여자들을 교훈하되
그 남편과 자녀를 사랑하며

선택하고 살아가는 실제만큼
더 좋은 교육이 없습니다.
먼저 알게 된 자가
아는 대로 살아가고,
먼저 믿게 된 자가
믿는 대로 살아감이
실제로 보여지고 들려질 때,
오늘의 기독신앙도
바르게 전수되는 것입니다.
살아 계신 하나님을
제대로 알아갈수록,
참으로 무능하고 부패한
나의 자원으로는
어불성설(語不成說)임을
인정하기 마련입니다.
동시에
부활하신 예수님을
제대로 알아갈수록,
예비된 영적 관계성을

무시하거나 소홀히 여기는
삶의 방식으로는
사상누각(沙上樓閣)임을
경험하기 마련입니다.
하여,
날마다
생명과 약속의 말씀에
기꺼이 순종하는 일상을
살아가야 하겠습니다.
날마다
몸 된 영적 관계성 안에서
성장하고 성숙하기를
기억해야 하겠습니다.
이것이야말로
이제까지 전수된 기독신앙을
또다시 바르게
전수하는 비결임을
실감해야 하겠습니다.
이처럼

살아나게 하시고,　　　　　살려내게 하시고,

깨어나게 하소서.　　　　　깨우게 하소서.

그리고 반드시　　　　　　여기서부터!

시대와 환경과 사람들을

| 05 |

신중하며 순전하며 집안 일을 하며 선하며 자기 남편에게 복종하게 하라
이는 하나님의 말씀이 비방을 받지 않게 하려 함이라

본질적으로　　　　　　　매순간

영원하지 않은 것은　　　　거대한 세속 앞에서

마침내　　　　　　　　　몹시도 주눅이 들어

사라질 것이라는 사실을　　'어찌할 수 없다'

알고 믿는 이상,　　　　　혹은

기독신앙을　　　　　　　'심히 어렵고 부담스럽다'고

오늘도 살아가고　　　　　하소연하는 중에도,

오늘도 전수하는 삶은　　　내 몫만큼은

모든 그리스도인들을 향한　어떻게든 확보하려고

하나님의 마음임을　　　　몸부림치는 형편이 일반임도

잊지 말아야 합니다.　　　잊지 말아야 합니다.

반면,　　　　　　　　　이와 같은 형편이야말로

하나님 중심을 잃어버린
그리스도인의 비참함입니다.
죄 중심을 향해
또다시 돌아가려고 하는
그리스도인의 어리석음입니다.
이런 지경에 다가갈수록
아니,
이런 지경에 이르기 전에
영원한 실상(實像)을
훤하게 바라보기를
자원함으로 선택해야 합니다.
생명과 약속의 말씀으로
안과 밖을 다듬어 나가기를
적극적으로 훈련해야 합니다.
영원히 사라지지 않을

나의 영혼을
반듯하게 세워야 합니다.
어느덧
기독신앙은 살아나고,
걸음걸음 남겨진 자취는
또다시 전수될 것입니다.
하여,
오늘의 일상 중에도
하나님의 마음으로
충만하게 하소서.
남은 생도
그 마음으로
충만하게 하소서.
여기서부터!

| 06 |

너는 이와 같이 젊은 남자들을 신중하도록 권면하되

시대와 장소를 무론하고
창조주 하나님과

영원히 분리된 사람을
부단히 살려내고 세우는

믿음의 사람들이 필요합니다.
더불어
부활하신 예수님을
하나님으로
그리고
남은 생의 주인으로 믿고
창조주 하나님과
영원히 연합된 사람을
부단히 일깨우고 세우는
믿음의 사람들이 필요합니다.
생애(生涯) 전체를 통틀어
가장 건강하다 싶을 그때에
하나님의 계획과 목적을 위해
이미 허락된 안과 밖의 자원을
기꺼이 불태우는
믿음의 사람들이 필요합니다.
더불어
조금은 늦었다 싶을 그때에도
예수님의 몸 된 교회를 위해
이미 허락된 안과 밖의 자원으로
기꺼이 섬기는

믿음의 사람들이 필요합니다.
하여,
먼저는
믿음의 사람이 되기를
간절히 소원해야 합니다.
그리고
믿음의 사람으로 살아가기를
기쁘게 자원해야 합니다.
지금도
믿음으로 변화된
나를 통해 일하시는 하나님을
생각하고 기억하게 하소서.
지금도
믿음의 사람들이 속한
교회를 통해 일하시는 하나님을
생각하고 기억하게 하소서.
이후로도
하나님의 기쁨이 되게 하소서.
하나님의 큰 기쁨이 되게 하소서.
여기서부터!

범사에 네 자신이 선한 일의 본을 보이며
교훈에 부패하지 아니함과 단정함과

이즈음이 되었다면
부족하고 연약한
나의 일상으로도
나의 존재 이유와
남은 생의 목적과 방향이
선명하게 혹은 어렴풋하게라도
드러나야 합니다.
그럼에도 불구하고,
왜 하나님께서
'직접 내려오셔야 했는지',
왜 예수님께서
'죽으셨고 다시 살아나셨는지',
왜 생명과 약속의 말씀을
'부지런히 읽고 생각하며
살아가야 하는지',
왜 성령님의 인도하심을
'의지하고 따라가야 하는지',
왜 예수님의 몸 된 교회가
'그토록 필요하고

마땅히 경험되어야 하는지',
왜 불편함과 불이익을
'감수할 수밖에 없고
인내해야 하는지'를
오늘 나의 말과
오늘 나의 삶으로
도무지 보여줄 수 없고
도무지 보여지지 않는다면,
지금 당장은
실상(實像)이 아닌 허상(虛像)에
깊이 사로잡혀있거나
혹은 여전히
무지하고 무감각한 형편에
깊이 갇혀있음을
스스로 폭로하고 있는 것입니다.
하여,
날마다 살아나야 하고,
날마다 깨어나야 합니다.
날마다 정도(正道) 위에 서야 하고,

날마다 정법(正法)대로 선택해야 합니다.

이를 통해

좋은 나무가 될 것이 분명합니다.

이를 통해

좋은 열매를 맺게 될 것이 분명합니다.

이를 통해

무지하고 무감각한 사람들이

감히 이해할 수 없었던 의문들이

또다시 풀려질 것이 분명합니다.

어찌하든지

하나님 나라의 증인으로 서게 하소서.

더불어 증인된 삶을 살아가게 하소서.

이후로도!

| 08 |

책망할 것이 없는 바른 말을 하게 하라
이는 대적하는 자로 하여금 부끄러워
우리를 악하다 할 것이 없게 하려 함이라

본질적으로

악함은

하나님 편에서

살아가지 않는 상태입니다.

악함은

하나님의 나라를 드러내시는

성령님의 역사를

훼방하는 상태입니다.

악함은

진리 되신 예수님에 대한 증거를

인본(人本)과 세속으로

무시하고 가로막는 상태입니다.

악함은

생명과 약속의 말씀을

나의 주장과 나의 경험으로

제한하는 상태입니다.

악함은
예수님의 몸 된 교회를
없이하듯 여기고,
교회와 무관하게
홀로서기하는 상태입니다.
악함은
나의 중심성에 사로잡히고,
나의 무능함과 부패함으로
하나님의 자원을
덮어버리는 상태입니다.
결국
악함은
내가 하나님이 된 상태입니다.
이처럼
내가 하나님이 된 상태라면
어디에 있거나

무엇을 하더라도
공허한 일상을 반복할 뿐이요,
오늘도 나를 살리고 깨우는
절절한 말씀과 인도하심이라도
의미 없는 소리로
치부하기 마련입니다.
하여,
오늘도 내일도
하나님 앞에 선 피조물임을
기억하고 고백해야 합니다.
주인 되신 예수님의 종임을
기억하고 따라가야 합니다.
이로써
악함이 선함으로 역전되게 하소서.
하나님의 편에서 살아가게 하소서.
때마다 일마다!

| 09 |

종들은 자기 상전들에게
범사에 순종하여 기쁘게 하고 거슬러 말하지 말며

나를 살리고 일깨우는
말씀이라면,
나의 수준을 달리하도록
안내하고 도전하는
그말씀이라면,
어찌하든지
순종할 마음을 잃지 않기로
작정해야 합니다.
세월이 흘러도
신앙의 실제를 경험할 수 없고,
그 실제를 드러낼 수 없는
가장 큰 이유는
오늘도
보여주시고 들려주시는
그말씀에
순종할 마음을
잃어버렸거나
잊어버렸기 때문입니다.
더욱 본질적으로는
하나님을 사랑할 마음이,
주인 되신 예수님을 따라갈 마음이
빠져버렸기 때문입니다.

그만큼 세상을 사랑하고 있거나,
그 이상으로 나를 여전히
사랑하고 있기 때문입니다.
언제 즈음에
어떤 방법으로
살아나고 깨어날 수 있겠습니까!
하여,
살아 계신 하나님의
은혜와 긍휼을 구합니다.
성령님의 강력한 역사를
혹은 잠잠히 일깨우심을
간구하고 기다립니다.
그말씀이
진리요 생명임이 인정되기를
소원하고 증거합니다.
하나님의 때가
바로 이 때임이 깨달아지게 하소서.
하나님께서 부르시는 자리가
바로 이 자리임이 깨달아지게 하소서.
그저 믿고 나아가게 하소서.
하나님의 역사가 경험될 때까지!
묵묵히!

훔치지 말고 오히려 모든 참된 신실성을 나타내게 하라
이는 범사에 우리 구주 하나님의 교훈을 빛나게 하려 함이라

생각이 달라져야 하고,

말이 달라져야 하고,

선택이 달라져야 하고,

결국

삶이 달라져야 합니다.

참으로 피조물다운 자리로

돌아가야 합니다.

'왜

부활하신 예수님이어야만 하는가'에 대한

명확한 이해와 믿음으로

하나님의 자녀가 되고,

이후로 마땅히

하나님의 자녀답게

살아가야 합니다.

'왜

성경이어야만 하는가'에 대한

절대적인 신뢰와 믿음으로

말씀의 사람이 되고,

이후로 마땅히

순종하는 그리스도인답게

살아가야 합니다.

때마다 일마다

바른 신앙을

왜곡시키고 훼방하려드는

갖가지 환경과 사람들 앞에서도

더해진 분별력과 담대함으로

지극히 정상적인 그리스도인답게

생각하고,

말하고,

선택하며 살아가야 합니다.

하여,

살아 계신 하나님의 은혜를

오늘 또다시

사모합니다.

성령님의 세밀하면서도

강력한 역사를

오늘 또다시

기대합니다.

이와 함께
기꺼이
나의 중심성을
부인하게 하소서.
나의 악성과 악습을

거절하게 하소서.
새사람의 신앙인격으로
성숙하게 하소서.
부활하신 예수님의 증인으로!

| 11 |

모든 사람에게 구원을 주시는 하나님의 은혜가 나타나

지금 이 자리에서도
하나님을 대신할만한
무언가에 빠져있음을
깨닫지 못하고,
인정하지 못하고,
돌이키지 못한다면,
또다시 살아나고
계속적으로 깨어남이란
결코 이루어지지 않을
희망사항일 뿐입니다.
지금 이 자리에서도
일시적으로 충족된

이런저런 기쁨이라도
이내 사라지고,
또다시 공복감으로
허덕일 수밖에 없는 형편이
하나님을 등진
사람들의 일반입니다.
지금 이 자리에서도
나의 정욕과 안위에
더욱 집착할수록
열려진 귀와 눈이라도
이내 닫혀버리고,
열심을 다해

분주하게 살아가더라도
결국 독하고 부실한 열매를
먹고 마실 수밖에 없는 형편이
하나님의 마음을 저버린
그리스도인들의 일반입니다.
하여,
지금 이 자리에서도
창조주 하나님의 구원의 은혜를
사모하고 간구하게 하소서.
지금 이 자리에서도

부활하신 예수님의 주인 되심을
인정하고 고백하게 하소서.
지금 이 자리에서도
하나님의 자녀답게 살아가기를
결심하고 실천하게 하소서.
생명과 약속의 말씀 그대로!
예수님의 교훈과 명령 그대로!
예수님의 몸 된 교회와 함께!
반드시!

| 12 |

우리를 양육하시되 경건하지 않은 것과 이 세상 정욕을 다 버리고
신중함과 의로움과 경건함으로 이 세상에 살고

하나님의 말씀을
기쁨과 감사함으로 받고,
그 말씀 앞에
자원함으로 순종하는
마음 밭이 되기를
여전히 기다리고 계십니다.
'부활예수가 하나님이시라'는

이해할 수 없는 선언이
말씀 한 구절 한 구절을 통해
서서히 혹은 일시에 깨달아지면서,
어느 순간부터 확실히 믿어지고
더 이상 부인할 수 없는
진실로 자리를 잡은 이상,
때를 따라

자라고 열매 맺는

신앙인으로 세워지기를

여전히 기다리고 계십니다.

이후로도

일시적인 쾌락보다도,

편리함을 더해주는 물질보다도,

도무지 쓸모 없는 염려보다도

살아 계신 하나님의 마음을 일깨우고,

나를 향한

하나님의 목적과 계획을 확인하게 하며,

마침내

구원받은 신자답게

살아가도록 안내하는

그말씀으로

충만한 사람이 되기를

여전히 기다리고 계십니다.

하여,

더 멀리 떨어지기 전에

돌아서게 하소서.

혹여,

'더 이상 소망이 없겠다'

싶은 지경에서라도

세상이 감당할 수 없는

하나님의 은혜와 사랑으로

살아나게 하소서.

또다시

깨어나고 일어서게 하소서.

결코 후회가 없을 오늘을

살아가게 하소서.

그말씀과 함께!

| 13 |

복스러운 소망과 우리의 크신 하나님 구주 예수 그리스도의 영광이 나타나심을 기다리게 하셨으니

보아도 들어도

결국 무너지고 말

허망한 것들에

남은 생을 맡기는 어리석음은

하여, 그말씀 그대로 2

반복하지 말아야 합니다.
지금은 부족하고
여전히 연약해 보여도
시간을 더해갈수록
남은 생의 안과 밖을
풍성하고 아름답게 바꾸어 줄
든든한 소망으로
채워져야 합니다.
날마다 살리고 일깨우는
확실한 소망으로
충만해져야 합니다.
하여,
환경과 사람들보다도
영원히 변하지 않을
생명과 약속의 말씀에
오늘의 우선순위를 두어야 합니다.
분주하고 고단할수록
하나님과의 친밀한 관계가
궁극적인 해결책임을 믿고

그말씀과 함께하는 시간을
의지적으로 확보해야 합니다.
더불어
홀로서기로는
처음부터 아니었음을 깨달아
어찌하든지
예수님의 몸 된 영적 관계성 안에서
살아가기를 실천해야 합니다.
그만큼 혹은 그 이상으로
믿음의 사람이 될 것입니다.
그만큼 혹은 그 이상으로
성숙된 사람이 될 것입니다.
그만큼 혹은 그 이상으로
소망의 사람이 될 것입니다.
이와 같은 오늘과 내일을
기대하고 간구하게 하소서.
이와 같은 오늘과 내일로
기뻐하고 감사하게 하소서.
참 소망을 아는 자답게!

| 14 |

그가 우리를 대신하여 자신을 주심은
모든 불법에서 우리를 속량하시고 우리를 깨끗하게 하사
선한 일을 열심히 하는 자기 백성이 되게 하려 하심이라

그러면,
어떻게 살아가야 하겠습니까!
그 기준은 무엇입니까!
그 출처는 어디입니까!
남은 삶의 이유와 목적을
반복적으로 들려주고
반복적으로 보여주어도
또다시 쏟아내는
의미 없는 의심과 질문들을 보면,
사람의 마음이라는 것이
참으로 거대한 두려움에
단단히 붙잡혀 있음이 분명합니다.
더욱 정직하게 진단하자면,
살아 계신 하나님이라고 해도,
부활하신 예수님이라고 해도,
생명과 약속의 말씀이라고 해도
더 이상 사랑하지 못하도록
동시에

더 이상 순종하지 못하도록
끊임없이 훼방하고 있는
세속과 인본(人本)과
위선과 가식의 독한 기운에
단단히 사로잡혀 있음이 분명합니다.
그래도 어찌하겠습니까!
이미 훤히 알고
지금도 확실히 믿고 있는데,
어찌 앞에 놓인 걸음걸음을
멈출 수가 있겠습니까!
이 길 끝에 서 계신
주인 되신 예수님의 시선이
지금도 이렇게 생생한데,
어찌 내게 맡겨진 임무를
남의 일처럼 미룰 수가 있겠습니까!
하여,
또다시
묻은 먼지를 털어버리고,

또다시
이탈한 자리로 돌아가며,
또다시
못다한 삶을 살아가기를
자원하고 기뻐하며 감사하게 하소서.

나를 넘어선
하나님의 절절한 마음으로
불량한 환경과 사람들을
살리고 깨우게 하소서.
끝까지!

| 15 |
너는 이것을 말하고 권면하며 모든 권위로 책망하여
누구에게서든지 업신여김을 받지 말라

어찌하든지
하나님의 사람으로
우뚝서야 합니다.
세속과 인본(人本)의
먹구름 속에서도
말씀대로 살아가는
순종의 사람으로
우뚝 서야 합니다.
무지무각한 사람들의
억지스러운 기대 앞에
오늘의 진실과 가치도

애써 외면하려고 하는
움츠린 일상을
단호히 거절하고,
이미 선명하게 드러난
하나님의 마음과 뜻에
합한 삶을 살아가고자
오늘의 불편함과 불이익도
기꺼이 받아들이는
담대한 일상을
기쁨으로 선택하는
믿음의 사람으로

우뚝 서야 합니다.

오늘도

하나님 편에 서기를

포기하지 않는 한,

반드시

하나님의 약속을

경험하게 될 것입니다.

오늘도

하나님의 말씀에

기꺼이 순종하는 한,

반드시

하나님의 사람으로

서게 될 것입니다.

이렇게 보니,

남은 생 전체가

큰 소망이요,

남은 생 전체가

둘도 없는 기회입니다.

하여,

기뻐하게 하소서.

감사하게 하소서.

기도하게 하소서.

언제 어디에서나!

끝까지!

제9부

이 말이
미쁘도다
원하건데

The saying is trustworthy,

and I want you to

(디도서 3장)

너는 그들로 하여금 통치자들과 권세 잡은 자들에게 복종하며 순종하며
모든 선한 일 행하기를 준비하게 하며

부활예수를
나의 하나님으로
그리고 나의 주인으로
믿게 된 그리스도인은
거짓이 없고 변함이 없는
하나님 나라의 시민임을
언제든지 기억해야 마땅합니다.
사사로운
나의 이성과 경험과 주장에 따라
남은 생을 끌어가는
어리석은 자가 아니라,
시대와 장소를 불문하고
면면(面面)히 적용되고 있는
하나님의 기준과 안내에 따라
남은 생을 맡기는
지혜로운 자로 살아가야 마땅합니다.
때로는
세속과 인본(人本)에 부딪히고,
때로는

무능함과 부패함을
정면으로 승부해야만 하는
그런 형편에 이르러도
그저
세상보다도,
환경보다도,
사람보다도,
문제보다도
더 크시고 온전하신
하나님 편에 서기를
선택해야 마땅합니다.
이로써
이미 임한 하나님의 나라와
하나님의 마음과 성품이
증언되고 증명되는 것입니다.
또 누군가에게도
부활예수가
하나님으로
그리고 주인으로

믿어지게 되는 것입니다.
결국
오늘을 살아가는
나의 실제적인 삶이
세상과
환경과
사람과
문제를
변화시켜 나가는 결정적인

열쇠입니다.
하여,
진실로 겸손하게 하소서.
진실로 신실하게 하소서.
진실로 충성되게 하소서.
살아나고 깨어 있는
그리스도인으로!
그때까지!

| 02 |

아무도 비방하지 말며 다투지 말며 관용하며
범사에 온유함을 모든 사람에게 나타낼 것을 기억하게 하라

이즈음에도
예수님을 주님으로 믿는
그리스도인의 남다른 이유가
일상을 통해 나타나야 합니다.
지금쯤이면
'주인이 어떤 분이신지'를
더욱 자세히 알고,

'주인이 무엇을 원하시는지'도
더욱 선명하게 알고 있어야 합니다.
더구나
남은 생만큼은
예수님으로 인해
안과 밖이 하나님의 자원으로
더욱 풍성해지고,

그와 동시에
부족하고 연약한
환경과 사람들에게로
넉넉하게 나누어져야 합니다.
그야말로
사람의 독한 냄새는 사라지고,
예수님의 진한 향기로 그윽해야 합니다.
더 이상
나에게 집중된 일상이 아니라,
하나님께 고정된 마음과 삶으로
오늘도 살아감에
진실로 기뻐하고 감사해야 합니다.
하여,
날마다

주인 되신 예수님을
바라보고 따라가려 합니다.
날마다
생명과 약속의 말씀을
바라보고 따라가려 합니다.
이로써
오늘을 살아가는 이유가
증명될 것입니다.
그만큼
부활하신 예수님이
증거될 것입니다.
이와 같은 일꾼이 되게 하소서.
이와 같은 일꾼으로 살아가게 하소서.
날마다!

| 03 |

우리도 전에는 어리석은 자요 순종하지 아니한 자요 속은 자요
여러 가지 정욕과 행락에 종 노릇 한 자요
악독과 투기를 일삼은 자요 가증스러운 자요 피차 미워한 자였으나

다른 편에서 보니
깨닫지 못함이

보입니다.
아는 바대로, 믿는 바대로

살아가지 못하는 이유도
훤하게 보입니다.
이제부터라도
혹은 이후에라도
하나님 편에 서기를 결심하고
그렇게 선택해 나가야 합니다.
내가 주인 된 일상이
얼마나 심각한 죄인지를
인정하고 돌이키는 선택을
과감하게 해 나가야 합니다.
생명과 약속의 말씀을
무시하고 외면하는 일상이
오늘과 내일의 삶을
얼마나 황폐하게
만들고 있는지도 절감하고,
그 말씀을 통해 역사하시는
살아 계신 하나님께 집중하기를
반복적으로 시도해 나가야 합니다.
더불어,
공허하고 혼돈스러운 내면이
맑고 밝게 제자리를 잡고,

창조주 하나님께서 원하시는
질서 안으로 들어가기까지
불미하고 불량한 환경을
지혜롭게 정리해 나가야 합니다.
이와 같은 수고와 땀을 생략하고서는
이미 받은 은혜라도
이내 흩어지고,
앞으로 더해질 은혜라도
지속적으로 경험할 수 없는 형편을
살아갈 수밖에 없음은
분명한 현실입니다.
하여,
내려놓게 하소서.
비워내게 하소서.
돌아서게 하소서.
나아가게 하소서.
마침내
누리게 하소서.
참으로 넉넉하게!
그 풍성한 은혜를!

| 04 |
우리 구주 하나님의 자비와 사람 사랑하심이 나타날 때에

어느 누구도
하나님의 은혜와 사랑을
이겨낼 수는 없습니다.
하나님께서 계획하신 일은
반드시 이루어지는 것입니다.
그럼에도 불구하고,
불순종과 훼방으로 일관하는
어리석음에 대해서는
크든 작든
그 대가를 치루어야 하는 것이
원리입니다.
지금도
나를 통해 일하기를
참으로 기뻐하시고,
나를 위해 예비된
영적인 자원을 부어주시는
살아 계신 하나님께
오늘의 시선도
집중되어야 합니다.
바쁘고 고단한 일상 중에도

하나님의 자리를 기억하고
즐겁게 나아가기를
선택해야 합니다.
하나님 중심으로부터
멀리 떨어져 나가
급작스럽게 돌이키는
반복적인 실수를 범하지 않도록
오늘의 마음도
그 교훈과 명령에
붙잡혀 있어야 합니다.
하여,
묻은 먼지를 털어내게 하소서.
얼룩진 때를 씻어내게 하소서.
맑아지고 밝아진 안과 밖으로
하나님의 은혜와 사랑을
받아 누리게 하소서.
그리고 또다시
하나님의 마음이 드러나게 하소서.
거짓 없이!

우리를 구원하시되 우리가 행한 바 의로운 행위로 말미암지 아니하고
오직 그의 긍휼하심을 따라 중생의 씻음과 성령의 새롭게 하심으로 하셨나니

우선은
영혼이 건짐받았다는 확신이
얼마나 중요한지를
실감해야 하겠습니다.
구원은
스스로 이룰 수 있는 것이 아니라,
구원자의 건지심으로
이루어지는 것임을
깨달아야 하겠습니다.
무엇이 죄이고,
무엇이 죽음인지에 대한
진지한 이해와
정직한 동의가 없이는
구원은
절대로 이루어지지 않는다는 사실도
반드시 깨달아야 하겠습니다.
나아가
하나님을 떠난
인간의 무능함과 부패함에 대해서도,

오늘도 내가 주인이 된 상태가
얼마나 심각한 죄인지에 대해서도,
결국 이곳에서 호흡하는 동안의
창조주 하나님과의 영원한 분리는
영원히 돌이킬 수 없는 지점에
이르게 한다는 진실에 대해서도
더욱 깊이 깨달아야 하겠습니다.
이처럼
신앙의 연수가 더해질수록
구원에 대한 이해가
깊어지고 넓어져야 합니다.
더불어
구원에 대한 기쁨과 감사가
충만해지고 나누어져야 합니다.
하여,
이제부터라도
혹은 이후에라도
부활하신 예수님이
나의 하나님이요 주인임을

고백하게 하소서.
이미 믿어진 바대로
선택하며 살아가게 하소서.

오늘의 구원을 위해!
또박또박!

| 06 |

우리 구주 예수 그리스도로 말미암아
우리에게 그 성령을 풍성히 부어 주사

지금 현재
내 것이라고 생각하는
모든 것의 한계에 이를 때,
비로소
하나님의 영을
적극적으로 인정하게 되고,
나아가
하나님의 영이 주도하는 일상을
살아가게 되는 것입니다.
앞으로도 나아갈 남은 생은
나의 자원만으로는
턱없이 부족합니다.
세상과

환경과
사람들의
불응과 훼방은
만만치 않을 것이
분명합니다.
더구나
왜곡되고 변질된 시대 앞에서
지속적으로
당당할 수 있기가
그리 쉬운 것도 아닙니다.
하여,
참으로 진지하게
창조주 앞에 엎드리게 하소서.

또다시 나의 삶에
생명과 약속의 말씀이
심겨지고 기억되게 하소서.
그말씀과 함께
운행하시고 섭리하시는
하나님의 영으로
충만해지게 하소서.
그리고
제한없이 역사하시는
살아 계신 하나님을

경험하게 하소서.
이로써
일어서게 하소서.
자유하게 하소서.
기뻐하게 하소서.
감사하게 하소서.
찬양하게 하소서.
마침내
승리하게 하소서.
하나님의 영으로!

| 07 |

우리로 그의 은혜를 힘입어 의롭다 하심을 얻어
영생의 소망을 따라 상속자가 되게 하려 하심이라

그리스도인에게는,
그것도
깨어 있는 그리스도인에게는
세상이 쉽사리 이해할 수 없는
특별한 책임감이
날마다 살아납니다.

비록 지금 당장은
넉넉하게 이해받기 힘들다고 해도,
끝가지 감당해야 할
구별된 사명이
날마다 지속됩니다.
그래서

하여, 그말씀 그대로 2

인내가 더욱 필요하고,
그래서
결단이 더욱 필요합니다.
하나님의 절절한 마음에
맑고 밝은 심정으로 공감하고,
하나님의 놀라운 은혜를
정직하고 성실한 삶으로 실감할수록
오늘의 영적인 분량도
그 진중함을 더해가는 것입니다.
여전히 불량한 세상살이 중에도
두려움과 긴장감으로 위축되기보다는
이미 보장된
영원한 소망으로
당당하게 맞서게 되는 것입니다.
하여,

하나님의 영으로
충만해야 합니다.
하나님의 왕권통치를
인정해야 합니다.
하나님 나라의 주역(主役)답게
일어서야 합니다.
부활예수의 증인답게
나아가야 합니다.
아는 바대로, 믿는 바대로
인내하며 살아가야 합니다.
이처럼 변화된 인생이 되게 하소서.
이처럼 변화된 삶으로
선한 열매를 맺게 하소서.
참으로 넉넉하고 풍성하게!

| 08 |

이 말이 미쁘도다 원하건대 너는 이 여러 것에 대하여 굳세게 말하라
이는 하나님을 믿는 자들로 하여금 조심하여 선한 일을 힘쓰게 하려 함이라
이것은 아름다우며 사람들에게 유익하니라

믿음의 출처가
어디인가에 따라서
오늘을 살아가는 삶의 내용이
전혀 다를 수 있습니다.
부활하신 예수님이
나의 주인이시라는 믿음이
하나님께로부터 주어진 믿음이라면,
이제까지의 변화에 이어
오늘도 이후로도
더욱 맑아지고 밝아지기 마련입니다.
반면,
그저 요긴할 것 같고
언젠가는 유익할 것 같아
참고하며 수용한 믿음이라면,
다시 말해서,
나의 남은 인생을 하나님께 맡기고
기록된 말씀대로 살아간다는 것이
오늘의 현실 속에서는
별개의 믿음이라고 생각한다면,
이제까지의 무관심과 무반응에 이어
오늘도 이후로도
주인 되신 예수님을 따라
그리고
바른 믿음으로

희생을 감내했던 선배들처럼
수고하며 살아가리라는 기대는
요원할 것이라고 해도
전혀 무리가 아닙니다.
하여,
오늘 나의 믿음을
살펴보아야 하겠습니다.
그것이
지극히 정상적인 믿음인지,
아니면
왜곡되고 변질된 믿음인지를
확인해 보아야 하겠습니다.
주인 되신 예수님 앞에
'얼마나 기쁘게 순복하고 있는지',
동행하시는 성령님의 감동하심대로
'얼마나 민감하게 반응하고 있는지',
보여주시고 들려주시는
'그말씀 그대로'
'얼마나 책임감 있게 살아가고 있는지',
교회 안에서의 친밀한 영적 관계성을
'얼마나 몸소 경험하고 누리고 있는지',
그리고
이렇게 살아온
지난 삶의 선택에 더해

오늘도 이후로도

그렇게 살아가는 것이야말로

남은 생의 최선이자 최고의 선택임을

'여전히 확신하고 있는지'에 대해

정직하게 답해 보아야 하겠습니다.

이로써

다시 태어나게 하소서.

이로써

다시 깨어나게 하소서.

이로써

다시 일어서게 하소서.

바른 믿음의 사람답게!

| 09 |

그러나 어리석은 변론과 족보 이야기와 분쟁과 율법에 대한 다툼은 피하라
이것은 무익한 것이요 헛된 것이니라

전혀 의도하지 않았고

조금도 원하지 않았던

미숙한 언행심사(言行心事)로

삶의 방향이 뒤틀릴 때,

위축된 입지를

변호하려고 애쓰는

어리석음 보다는,

빛 가운데로 나아가고

말씀 가운데로 나아감으로

참으로 맑고 밝게

살아나고 깨어나는

지혜로움을

선택하고 또 선택해야 하겠습니다.

비록 실수가 반복된다고 해도

오늘의 지혜로운 선택은

이후의 영적인 실력과 기능을 위한

귀중한 밑거름이 된다는 사실을

확신하고 또 확신해야 하겠습니다.

이것이야말로

정상적인 믿음으로

성장하며 성숙하는
과정입니다.
이것이야말로
하나님의 마음을
깨달아가며 공감해가는
과정입니다.
이것이야말로
하나님 편에 서서
호흡하며 살아가는
과정입니다.
하여,
예수님의 몸 된 교회가
세상으로부터
존경심과 경외감을 받지 못하는
이처럼 불량한 시대에도,

설상가상(雪上加霜)으로
구원의 감격과 그 은혜를
지난 한때의 추억으로 회상하는
여전히 무심한 시대에도,
어찌하든지
정상적인 신앙의 길로 나아가는
그리스도인이 되게 하소서.
어찌하든지
생명과 약속의 말씀 그대로 살아가는
그리스도인이 되게 하소서.
어찌하든지
오늘의 연약함과 불미함을
하나님의 마음과 자원으로 갈아엎는
그리스도인이 되게 하소서.
끝까지!

| 10 |

이단에 속한 사람을 한두 번 훈계한 후에 멀리하라

시시각각 변하고
때로는 심각하게 왜곡시키는

환경과 사람들의 요구사항이 아니라,
시대와 장소를 뛰어넘어

환경과 사람들을 살려내고 깨우는
하나님의 절대원리를
남은 생 내내 뿌리 내리도록
수고해야 마땅합니다.
살아 계신 하나님께서
생명과 약속의 말씀을 통해서
반복적이면서도 일관성 있게
교훈하시고 명령하시는
그 절대원리에
일상의 무게중심을
두어야 마땅합니다.
하여,
우선은
잘 배워야 하겠습니다.
더불어 반드시
잘 익혀야 하겠습니다.
옛사람의 악성과 악습이
마비되고 파괴되기까지
그렇게 부단히

훈련해야 하겠습니다.
여전히 어긋난
환경과 사람들 앞에서도
하나님의 마음을
가감없이 보여주고 들려주는
맑고 밝은 통로가 되어야 하겠습니다.
그리고 마침내
살아 계신 하나님의 이름이
거룩히 여김을 받게 하고,
그토록 오랫동안 얼룩진
예수님의 몸 된 교회가
그 의미와 존귀함을 되찾게 하는
밑거름이 되어야 하겠습니다.
진실로
하나님의 사람이 되게 하소서.
변함없는 하나님의 절대원리를
바르게 알고 믿으며 살아가게 하소서.
시작부터 마지막까지!

| 11 |

이러한 사람은 네가 아는 바와 같이
부패하여 스스로 정죄한 자로서 죄를 짓느니라

경계선을 넘어서면
분별력은 망실되고,
마땅히 돌이켜야 할 때를
놓쳐버리게 되는 것이
일반입니다.
영원한 실상(實像)에 대한
무관심과 무반응이
첩첩이 쌓이고,
오늘의 목적과 이유가
자기 중심성에
단단히 붙잡혀 있으면,
남은 인생 또한
여지없이
엉겅퀴와 가시덤불 속에서
그렇게 기쁘지도 않고,
그렇게 감사하지도 않는,
심지어는
전혀 행복할 수도 없는
비참한 일상을

살아가게 될 것이라는 진단은
전혀 무리가 아닙니다.
분명한 것은
피조물의 자리로
내려가야 한다는 것입니다.
애초부터 나는
하나님이 아니라는 것입니다.
감겨진 눈과 막힌 귀가
훤하게 열리기를
간절히 소원해야 한다는 것입니다.
힘들어도
불편해도
생명과 약속의 말씀에
나의 중심을
묶어 두어야 한다는 것입니다.
그리고 날마다
부활예수를 향한
나의 인식과 고백에
흔들림이 없어야 한다는 것입니다.

하여,
오늘도 바른 선택으로
옛사람의 악성과 악습이
마비되게 하소서.
하나님의 영으로

충만하게 하소서.
하나님의 자녀답게
살아가게 하소서.
아름답고 멋있게!

| 12 |

내가 아데마나 두기고를 네게 보내리니
그때에 네가 급히 니고볼리로 내게 오라
내가 거기서 겨울을 지내기로 작정하였노라

이 세상뿐만 아니라,
영원한 나라에 대한
인식과 믿음이 생긴
지혜로운 사람은
날로날로
하나님 나라의 의미와 가치를
실제로 공감합니다.
더 이상
내가 주인 된 삶이 아니라,
하나님이 나의 왕이심을

그리고
오늘과 내일의 주인이심을
인정하고 고백하는 삶을
실제로 살아갑니다.
보이지도 않는 하나님께
그리고
생명과 약속의 말씀에
남은 생을 맡기고 따른다는 현실이
그렇게 두렵고
의심스럽게만 여겨졌으나,

하나님의 통치에 순복하면 할수록
남은 생을 맡기고 따르는 삶이야말로
최선의 선택이자
최고의 선택임을
반드시 실감하게 됩니다.
어느덧
그 두려움과 의심은 흩어지고
위로부터 부어지는 절대평안으로
기뻐하며 감사하는 삶을
반드시 살아가게 됩니다.
하여,
어리석은 자리에 머물게 하는
그 이유를

내려놓게 하소서.
이 세상에 속한 것들로만
나의 안과 밖을 채우려고 하는
그 시도를
중단하게 하소서.
그리고
믿음으로 돌아서게 하소서.
기쁨으로 나아가게 하소서.
감사함으로 누리게 하소서.
하나님 나라를 향해!
살아 계신 하나님 앞에서!
이제부터라도!
혹은 이후로도!

| 13 |
율법교사 세나와 및 아볼로를 급히 먼저 보내어
그들로 부족함이 없게 하고

하나님의 사람으로 살아가기를
간절히 소원하고,
하나님의 사람으로 훈련되기를

진심으로 자원할 때,
하나님의 영원한 자원을
맑고 밝게 분별하기는

더욱 자연스러운 것입니다.
이를 통해
악성과 악습을 뛰어넘는
진정한 변화는 감지되고,
차원과 수준을 달리하는
삶의 내용과 모습들이
드러나고 전개되는 것입니다.
그럼에도 불구하고,
변화에 따른
불편함과 불이익을
두려워하고 있는 형편이라면,
오히려
더욱 변화되어야 할
충분한 이유를
품고 있는 것입니다.
하여,
어느 때에라도,
어떤 경우에라도
환경과 사람들을 통해서
그리고

몸 된 교회를 통해서
전해지고 있는
교훈과 안내에
집중해야 하겠습니다.
그 교훈과 안내가
생명과 약속의 말씀에 비추어
어긋남이 없는지도
살펴보아야 하겠습니다.
그것이 참이라면,
나의 마음 밭에
깊이 새김과 동시에
안과 밖으로 어긋난
삶의 이모저모를
정돈해야 하겠습니다.
그리고 반드시
그 교훈과 안내 그대로
행하며 살아가야 하겠습니다.
하나님의 사람으로!
하나님의 사람답게!

| 14 |

**또 우리 사람들도 열매 없는 자가 되지 않게 하기 위하여
필요한 것을 준비하는 좋은 일에 힘 쓰기를 배우게 하라**

그렇게 수고하고 땀 흘려도
결코 좋은 열매를 맺지 못하는
무지하고 무감각한 일상을
더 이상
반복해서는 안 됩니다.
결국
하나님 중심을 벗어난
모든 시도와 자원들은
남은 생의 영적 풍성함에
결코 유익을 줄 수 없다는
이해가 깊어져야 합니다.
하여,
늦지 않게
바르게 알아가고,
아는 바대로
바르게 믿으며,
믿는 바대로
바르게 살아가게 하소서.
혹여 늦었다고 해도

다시는 후회하지 않을
바른 선택과 삶으로
나아가게 하소서.
오늘 머무는 이 자리가
하나님께서 허락해주신
절호(絕好)의 기회인 줄 알고
기쁨과 감사함으로
받아들이고 따라가게 하소서.
이후로도
남은 생 전체가
하나님께 뿌리 내리고,
생명과 약속의 말씀에
깊이 뿌리 내리게 하소서.
날마다
좋은 나무로 자라가게 하소서.
때를 따라
좋은 열매를 맺게 하소서.
반드시!

| 15 |

나와 함께 있는 자가 다 네게 문안하니
믿음 안에서 우리를 사랑하는 자들에게 너도 문안하라
은혜가 너희 무리에게 있을지어다

하나님 앞에서
충성되고 신실한 사람은
생각만 해도 흐뭇함을 주는
그런 그리스도인입니다.

함께할수록
자신에게 더해진 영적 자원을
기꺼이 나누어 주는
그런 그리스도인입니다.

미숙하고 왜곡된
또 다른 그리스도인의 안과 밖을
일상을 통해 일깨워주는
그런 그리스도인입니다.

교만함도 겸손함으로 안내하고,
높아짐도 낮아짐으로 안내하는
참으로 성숙된
그런 그리스도인입니다.

지금도 여전히
이와 같은 그리스도인을 통해

부활하신 예수님이 증거되고,
생명과 약속의 말씀이 증명되며,
하나님의 은혜와 사랑이
넉넉하게 그리고 깊이 있게
드러나고 전해집니다.

이후로도 여전히
이와 같은 그리스도인을 통해
하나님의 역사는 지속되고,
하나님의 나라 또한 확장되며,
또 다른 그리스도인이
충성되고 신실한
하나님의 사람으로
살아가게 될 것입니다.

하여,
하나님 나라를 위한
귀한 일꾼이 되게 하소서.
주인 되신 예수님을
끝까지 따라가게 하소서.

더불어
몸 된 교회를 건강하게 세우는
참 그리스도인이 되게 하소서.
하나님 앞에서!

이 세상 속에서!
변함없이!
반드시!

■ ■ ■

💬

독자들을 위한 Tips

1. 이 책은 세상 속에서 살아가는 그리스도인의 지속적이고 혁명적인 변화는 '생명과 약속의 말씀'을 향한 집중력과 '그말씀 그대로' 살아내는 실천력에 달려있음을 날마다 일깨워 줍니다. 실제로 지난 긴 시간 동안 날마다 성경을 읽고 생각하며 실천할 수 있도록 안내해 온 기도문들이기에 묵상 훈련에 도움이 될 것입니다.

2. 이 책은 지면을 가득 채운 산문이 아니라 여백이 많은 기도문이기에 바쁜 일상 중에도 어렵지 않게 책을 펼치고 읽어 내려갈 수 있을 것입니다. 그 여백에 각자의 생각, 느낌 그리고 결단의 내용을 추가하며 메모로 남겨도 좋을 것입니다.

3. 이 책의 한 페이지 한 페이지를 통해서 오늘 주어진 삶의 동기와 이유와 목적을 매일 단위로 점검하면서 결국 반복의 중요성을 체득하게 될 것입니다. 이와 같은 반복된 일상은 예수님 중심, 말씀 중심, 교회 중심의 바른 신앙생활로 이어질 것입니다.

💬

또 하나의 바램

홍수 중에는 마실 물이 늘 부족하듯이, SNS를 통해서 이미 말씀 홍수시대가 열려버린 오늘과 내일에는 필연적으로 말씀 기갈(飢渴)현상이 두드러질 수밖에 없음을 조심스럽게 예견합니다.

이즈음에 이 책이 영적 각성과 영적 갱신의 마중물(引水: priming water)이 되고, 이후로도 『하여, 그말씀 그대로³: 데살로니가전후서』가 출간되어 여전히 깨어 있는 목회자님들과 성도님들에게 '그리스도인으로 살아가야 할 마땅한 이유'를 든든히 붙잡게 하는 시원하고 달콤한 생수(生水:living water)가 되기를 그리고 마침내 '그말씀 그대로' 살아가도록 도전하고 안내하는 하나님의 선한 도구가 되기를 간절히 바라고 기도합니다.

더불어 이미 첫 번째 책 활용 방안의 하나로 진행되어 왔고, 연이어 두 번째 책을 안내하게 될 'YouTube 채널: 한아름#홀리허들(Holy Huddle)'이 국내외 많은 교회들의 소그룹 모임과 흩어진 그리스도인들의 가정 모임에 더욱 적극적으로 사용되고 나누어지길 기도합니다.

2022년 6월 | 부산 남산동에서 | **윤영철 목사**

하여,
그말씀
그대로²

에베소서
디도서